「売れる販売員」と「ダメ販売員」の習慣

ちっとも売れないダメ販売員が
NO.1販売員になれた理由

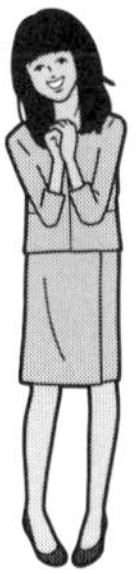

内藤加奈子
naito kanako

はじめに

こんなにがんばってるのに。
数字を見るたびに、深〜いため息。
前年比を下回るのはあたり前。
この前１００％を超えたのはいつだったっけ……。
うちのお店の何が悪いの？
どうしたらお客様は入ってくるの？
毎日お店の陳列も見直しているし、
接客だって丁寧にしているつもり。

なのに……なぜ？
なぜうちのお店はこんなに不調なのに、あのお店は売れているの？

全国のセールスクリエイターさん（※）から、こんな悩ましい声が日々聞こえてきます。

みんな、真剣です。
誰も、さぼってなんかない。
みんな、なんとかお店の売り上げを上げようと、本当に、一生懸命。

でも、なぜか売れるお店と、伸び悩んでいるお店がある。
その違いはいったい何なの？
売れているお店は何をしているの？
売れている販売員さんは、どうして売れ続けているの？

考えれば考えるほど、わからなくなってしまう……。するど視線も下に、売り上げも下降線をたどって、どんどん売れないスパイラルに陥っていってしまう。
こうなると、もう毎日が苦痛。わたしも自分の売れなかった日々を思い起こすだけで、きゅーっと胃が痛くなります。

きっとあなたも、なんとか良くしたいと思うことがあって、書店でこの本を手にとって、開いてくれているはず。

あなたの心が、この本を読み進めるごとに少しずつ軽くなって、難しいと頭を抱えていたことも、いつの間にか忘れてしまうように。あなたがこの仕事の楽しさを、昨日より今日、今日より明日、強く実感していかれるように。

その手助けになるように、全国のトップセールスクリエイターがしている、

＊アプローチ
＊接客・トーク
＊身だしなみ・身のこなし
＊考え方
＊チームワーク
＊行動

これら6つで行っている習慣を、6つの章にわけて、本書にまとめます。

本当に売れているセールスクリエイターさんが、まるで呼吸するのと同じように、無意識に、習慣的に行っていること。それは身に染みついて、染みつき過ぎてしまっていて、本人にとっては、近過ぎて意外と見えにくいものだったりもします。そのため人に教えることがないまま、その人だけの特別な技術として、門外不出のものとなっていることも多いのです。

または、自分だけの売れる「秘訣」として、人に教えたくないから教えない、というのも正直なところ、あるのかもしれません。

でも、わたしはこの本を通して出会ったあなたと一緒に、あなたのお店の売り上げを上げたい。あなたのお店の売り上げを応援してくれるお客様とのつながり方について、一緒に、熱い思いを語りたい。

だから、ここに公開します。わたしだけでなく、わたしがこの17年間、2000店舗で出会った全国のトップセールスクリエイターさんたちが、無意識に、または意識的に実践している習慣を、ここであなたと共有したいと思います。

そのための手助けになる内容を、お昼休憩の終わりにでも、さっと開いて読めるような分量にわけて、まとめています。

販売というすばらしい仕事のドアを開けたあなたが、またここで、もっと販売を楽しむためのドアをまた一枚開いて、新しい光を浴びて、輝いている姿を見たいから。

じゃあ、いきますよ。

ドアの向こうの、新しい、心踊る、販売の世界へ。

内藤　加奈子

※ セールスクリエイター

実はわたしは「販売員」という呼び方が好きではありません。私たちは一人ひとり、本当に特別で、個性的な人間です。それをひとくくりに「員」と言ってのけてしまうのは、どうしても、好きじゃないんです。私たちの仕事は、お客様との関係、「絆」を築き、その「絆」があってこそお買い上げいただけて、売り上げが生まれます。ですから、私たちは、お客様との関係を創造するクリエイター。その上で初めてセールスがある、という意味で、私たちの職種を「セールスクリエイター」と呼んでいます。でも、ちょっと長いので、本書では便宜上「販売員」と書いていきます。

○ もくじ　「売れる販売員」と「ダメ販売員」の習慣

第2章 ▼▼▼ 接客・トーク編

第4章 ▼▼▼ 考え方編

第5章 ▼▼▼ チームワーク編

第6章 ▼▼▼ 行動編

◯カバーデザイン　ＯＡＫ　小野光一

第1章

アプローチ編

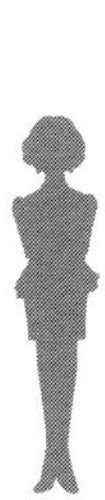

01

売れる販売員はお客様を無視し、ダメ販売員はお客様を直視する。

「お客様を無視？」

「せっかくご来店くださったお客様を無視するなんて」

そんな声が聞こえてきそうですが、いいのです。無視したほうがいいのです。

お客様にとって初めて入店するお店は、どこにどんな什器が置いてあるか、どんな商品がどんなふうに置いてあるかわからない、未知の世界。ちょっと見てみただけなのに、思わぬところで販売員に声をかけられて驚いたりすることも。いわば、どこからどんな動物が飛び出してくるかわからないジャングルみたいなものかもしれません。そこへ恐る恐る足を踏み入れ、入口で店内を見渡し、無意識に安全そうな、安心して歩けそうな通路を選んで足を踏み入れるわけです。

しかし、私たち販売員にとってお店は職場。日々、自宅にいるよりも長い時間過ごしている場所です。何を怖がる必要があるのか？ という気がするかもしれませんが、お客様にとってはお店には**2つの恐怖**が存在するのです。

1つは**「売り込まれる恐怖」**です。

お客様の8割以上は「今日これを買わなくては」という目的買いのお客様ではなく、なんとなくお散歩がてらに商品を見ているお客様だといわれています。あなた自身もそうではないでしょうか。お店を覗いたからといって、いつも何か買おうとしているわけではありませんよね。

そのなんとなく、ぼんやりと考えごとでもしながら歩いているときに、突然声をかけられたらどうでしょう。驚きますよね。

また、まだ興味を持ってもいない商品についてとめどなく説明されても、その接客から逃れたい気持ちになるだけではないでしょうか。

お店だけでなく、自宅でもそうかもしれません。見知らぬ人が玄関先に訪ねてきてチャイムを鳴らされたら、なんだか怖くありませんか？ 特に女性は警戒するでしょう。男性でも何かのセールスかと思い、面倒で応答しないこともあると思います。

ですから、できるだけ「売り込まれる恐怖」を感じさせることなく、安心して店内に滞在していただくために、ある一定の時間、私たちは気配を消す必要があるのです。


「気配を消すということは、接客しないということ？」

「セルフで買ってもらうということ？」

と思われるかもしれませんが、そうではありません。接客しないのではなく、接客に入るための準備をするのです。その準備とは**「お客様観察」**です。


お客様は、年齢、性別、身なり、荷物の大きさ、来店時間などから、私たちにさまざまな情報を与えてくださいます。その日の服装から好みを探ることもできますし、どんな荷物を持っているかで、職業やこれからどこに行くのかまでわかることもあります。

さらに、入店後の動きを観察していると、たとえば最初に触った商品が黄色で、次に別の場所で触った商品が黄色だとすれば「黄色が好きなのかな？」というあたりをつけられます。

01 売れる販売員は、気配を消しながら情報収集する！

そうしてお客様を観察しておくと接客に入ってから、観察によって得られた情報をもとに、よりお客様に響くトークができるのです。

「じゃあ、しっかり観察しておかなくちゃ！」

とじっくり見ていたくなってしまいますが、ここで重要なのが観察のしかたです。じーっと見られていたら怖いですから、決して直視せず、「見ないように見る」これがポイントなのです。

ダメ販売員は、お客様を直視し、狙いさだめたように近寄って声をかけてしまい、お客様に恐怖を与えて、距離を取られてしまいがちです。売れる販売員は、商品を整理する手元を見るような格好で、実はお客様を観察しています。

（もう1つの恐怖については、106ページでお話しますね）

02
売れる販売員は遠くから話しかけ、ダメ販売員は急いで近づこうとする。

お客様に声をかけて、会話に発展させたい。

そして商品のことを説明して、その良さを伝えたい。

販売員なら、誰もが切実に思うことですよね。

ただ、間違えてしまうと大変なスランプに陥ってしまうのが**声をかける「タイミング」と「距離感」なのです。**


スランプに陥って苦しんでいる販売員さんたちのお悩みを聞いていると、

「うちのお店は、早く声かけしないと、なんで声かけないの？ 遅いよ！ って注意されちゃうんです……」

ということがけっこうあります。早く早くと急かされるあまりに、お客様に驚かれるほど近くに寄って急に話しはじめてしまい、うまく反応していただけない。そんな日々が続き、どうやって声をかけていいか、もうわからなくなってしまったと、しまいには声をかけるのが怖くなってしまったというのです。

確かに、早く声をかければ売れた時代はありましたよね。戦後しばらく、物がなかった時代から、だんだんと便利な物が増えて、ほしければお金を出して買える時代になって。テレビなんかは、大きなトラックを持っている営業マンが、一番売り上げをとれたといいますから、あればあるだけ売れた時代だったわけですよね。

その時代は

「お客さんどれにしますか？」

と声をかければ、

「あ、これちょうだい」

で、商売が成立したわけです。その頃は、確かに早く声をかけたほうが、儲かりましたから、「速さ勝負」的なところがあったかもしれません。

また、その時代は、お客様は商品の品質や特徴などに疎かったために、売る側の商品説明が「買う・買わない」や「どれを買うか」の選択に対して影響力がありました。

ですが、現在はオタク的に詳しいお客様も増えていますから、うっかりした説明もできませんし、必ずしも商品説明が購入の決定打にならないことが多くなっています。

並べれば売れた時代から、これだけ時代が移り変わっていますので、買い方も売り方も変化していて当然です。なのに、なぜか販売教育だけは、過去のものが継承されている組織が少なくありません。その中の一例が、この「早く声をかけなさい」という教え方なのです。

しかし、売れている販売員さんを見ていると、まったく急いだりしていませんし、「あれ？ ちょっと話しかけるのには遠くないかな？」

という距離感を保ちながらお客様に話しかけています。場合によっては、**お客様のほうから一歩近づいてこられるくらいの距離**をとっています。お声かけをして、お客様の顔がこちらに向いていて、何か情報がほしい様子であったり、こちらが声をかけたことを警戒する様子がみられない場合には、そこで初めて少しだけ距離を縮めてみるのです。

お客様はお店に入ったときから、

「ムリに売り込んだりしないでほしい」

「少し自由に見せてほしい」

という思いが多少なりともあり、ある程度私たちの存在を警戒しているものです。

でも、私たちとしては必要なサポートはしたいですし、快適な店として記憶に残していただきたいです。ですから、今日お買い上げがあってもなくても、少しの会話は交わしておきたいものです。

02 売れる販売員は、お客様のペースを守るために、遠くから接客する！

03

売れる販売員は必要以上に笑顔を見せず、ダメ販売員は愛想笑いが透けて見える。

接客業というと、研修などでは笑顔のトレーニングをするくらい、親近感の湧く笑顔や、愛想の良さは欠かせないことは確かです。

しかし、この笑顔も、使い方を間違うと、お客様からの信頼が得られなかったり、ときに疑いを持たれたりもしてしまいます。

では、ちょっと想像してみてくださいね。

あなたが初めて行った歯医者さん。なぜかやたらと愛想がいい。治療しながら、ニコニコ、ニコニコ、楽しそうに話し続ける。そして治療が終わったら「ありがとうございました〜」と、また愛想のいい笑顔を見せる。

「お医者さんが、ありがとう、って言う？　しかも笑顔⁇」

と、ちょっと違和感を持ちながら、受付に行くと、受付のスタッフも

「今日は○○○円です～♪ いつもありがとうございます♪」

と、また、やたらと笑顔。初めて来たのに「いつも」じゃないし……。

どうですか？ なんだか怪しくないですか？ もしかしたら、あなたに説明せずに、お金のかかる治療をして、保険料で稼いでいるんじゃないか？ とか、ちょっと疑ってみたりしたくなりませんか？

お医者さんでは「ありがとうございます」じゃなくて「お大事に」ですよね。

私たちは医者ではありませんが、お客様に対して、いい買い物ができるようにアドバイスをしています。ということは、ある種の専門家であり、特別な技術を持っていることにおいては、お医者さんと変わりありません。

なのに、商売人の性でしょうか。「まいどあり～」的に、あいさつのように、ニコニコ笑顔で「ありがとうございます～！」と、疑いなく日々繰り返していないでしょうか。

わたしがお客様の立場で出会った、ある家電量販店の、携帯電話売り場の販売員さんは、まったくこれと逆なんです。気持ちがいいくらい、一切、笑わない。

わたしは携帯電話をなくしてしまって、警察に届けても出てこなかったので、思い切って電話会社も変えて、新しい番号にしてしまおうと、家電量販店に行ったときのこと。

並んでいる機種を、どれがどうなのかわからないといった顔で眺めていると、

「新規でご契約でいらっしゃいますか、それとも機種変更でいらっしゃいますか？」

と声をかけてくる。わたしが購入を具体的に考えていることがわかっていることだけでも◎ですが、それからの説明が淡々と、無駄がなく、なんともわかりやすい。1台ではなく、2台持つと、基本料金が、お得だという説明。

「もちろんムリに2台持つことはありませんが、僕たちは2台持つようになって、やっぱり料金がぐんと安くなりましたので、ご紹介だけさせていただいています」

と、すすめながらも、やっぱり笑わない。

「ほんとなんだな」

と感じたわたしは、2台持つ契約をしました。彼は相変わらず笑いませんでしたが、わたしは、いい買い物ができた気がして「どうも」と笑顔でお店をあとにしました。

本当にいいサポートができたときは、私たちではなく、**お客様のほうが「ありがとうございます」**って言ってくださいますよね。

03

売れる販売員は、あえて笑顔を控える時がある！

04

売れる販売員はヒマでも忙しそうに動いて待ち、ダメ販売員はヒマだとヒマそうにしている。

正直言って、ヒマ。

心配になるくらい、ヒマ。

そんな日や、時間帯って、どんなお店にもあると思います。

しかし不思議なことに、忙しいときほどお客様が次々入ってこられることって、ありませんか。忙しくて、接客できないのがもったいないくらいに、店内にはお客様がいっぱい。うれしい悲鳴ですが、いつもいつもそうはいきませんよね。いつもちょうどいい客数が入店してくだされぱいいのに、と言いたくなるかもしれませんが、日によって、曜日によって、時間帯によって、さまざまですよね。

そこでヒマなとき、どうするか。

ズバリ、「忙しい風（ふう）」を装います。

何をするかというと、こんな感じです。

何も用事はないけれど、カウンターからストックへ。ストックから出てきて、さも忙しそうに小走りで移動。お店の中の空気を動かす、といった感覚で、忙しそうに動きを出すのです。

そのとき、あなたはお店の外から、**あなた自身をふかんして見て**みます。ちょうど、サッカー選手が、ピッチにいる自分を観客席の高いところから見ている感覚でプレイするように、あなた自身が店外からどう見えているのかをイメージして。どのくらい、どんな速さで、どんな表情で動いていると、雰囲気良く、入りやすい感じを与えながら、忙しそうな「風」を演出できるかを、考えながら動くのです。

また、これはあなた1人でやるよりも、お店の販売員さんみんなで、連携しながら、フォーメーションを組んで実践すると、ゲーム感覚で、おもしろくやることができます。

ただでさえ、ヒマだと不安になりますし、空気も停滞してきますから、誰かが合図して、「忙しいゲーム、スタート！」などと冗談めかしながら、楽しんで行うと、自然と笑顔になりますし、体を動かすことで忘れてしまっていた必要な作業を思い出して、実際に忙しくなってきたりもするものです。

すると、本当に忙しくなってくることも少なくありません。

ということは、**「風（ふう）」だったのが、現実を引き起こすこともある**、ということですよね。

そこには、スポーツ選手がするイメージトレーニングと同じしくみがあります。

たとえばプロゴルファーが、パターを動かす前に、ボールがどんなルートを通ってカップに落ちるかを鮮明にイメージし終えているというのと同じです。忙しい様子をイメージすることで、それを**追いかけるように現実がついてくる**のです。

人間の脳のイメージ力というのは、それはものすごいパワーを持っています。

梅干をイメージするだけで唾液が出るという生理現象が起きたり、実際にそこで起こっているわけではないのに、過去の記憶を呼び起こすだけで涙が出たりすることもあります。

そのイメージ力は強烈なだけに、ヒマだと思ってヒマそうにしていると、延々とヒマな時間を続けることもできてしまうわけです。

あぁ、怖い。怖いですよね。

04 売れる販売員は、ヒマなときには売れるイメトレをする！

05

売れる販売員は他店にいるお客様をも観察し、ダメ販売員は入店してからしか見ない。

あなたは、虫を捕まえるのは、得意ですか？

（捕まえるうんぬんの前に、虫が苦手だという方にはごめんなさいなのですが、たとえ話として聞いてくださいね）

蝶々でも、セミでもなんでもかまわないのですが、虫を捕まえる前って、まず動きを観察しますよね。

どんな速さで動くのか、どんな動き方をするのか、さっきはどこにいて、今いる場所まではどんな様子で動いてきたのかを観察してみる。そこで得た情報をふまえて、つぎにどんな向きで、どんな速さで動きそうかを予想して、あたりをつけてから捕まえる動作をしますよね。

売れる販売員さんというのは、これと同じことをしています。（お客様を虫にたとえてはよくなかったかもしれませんが、わかりやすさのために、お許しくださいね）

お客様の動きを、自分のお店に入ってからではなく、なんと、**通路の向こうの遠くにいるときから、もう観察しはじめている**のです。

すでにお店の中にいらっしゃるお客様を観察して、服装やお持ち物から、好みなどを探って、接客に活かすことはもちろん欠かせませんが、本当に売れている販売員さんというのは、実はもっともっと前からお客様を見て、情報収集をはじめています。

お客様は、通路や道路を歩いて、私たちのお店に気がついて、足を踏み入れてくださいます。その前はどこにいるかというと、ほかのお店に立ち寄っていたりします。そこで、ほかのお店でどこに目をとめたのか、何を触ったのか、何に興味を持ったのか、といった動きを観察しておくのです。

すると、お客様が他店で見たり触ったりしたものと、私たちのお店の中で見たり触ったりしたものから「あたり」をつけて、接客をしはじめてからの会話に活かすことができるのです。

見る、触る、という動作は、お客様にとっては無意識に近いものかもしれませんが、この「無意識」こそ、私たちにとってはお得な情報だったりします。だって、ほとんどのお客様は目的買いというよりも、お散歩感覚で、「いいものがあれば買おうかな～」くらいの意識でいらっしゃいますから、そこで「無意識」にもたびたび同じ色や同じ素材、同じデザインに気持ちが動いたことがわかれば、私たちはまるで何でも見えてしまう占い師のように、お客様の欲しているものを、ある程度の高確率で言い当てることができるからです。

このような観察方法から十分な情報収集をして接客に活かし、たとえお買い上げに至らないとしても、接客の中で、「この人、わかってるな」的な心地良さを感じていただけることは確かです。

大事なのは、その日、そのときお買い上げに至らなくても、買い物がしやすい、居心地がいいという快適さを、記憶に残していただいて、再来店していただけるかどうかなのです。

05

売れる販売員は、お客様の「無意識」を観察する！

06

売れる販売員は自分で用意した便箋で手紙を書き、ダメ販売員は会社が用意したＤＭに頼る。

自宅に帰って、ポストを開けると一通は必ず入っていませんか？
過去に買い物をしたり、住所を残したりしたお店や会社からのダイレクトメール。

あなたはどうですか？
必ず開封して、目を通しますか？

わたしは、正直言って８割は差出人を確認したら捨ててしまいます。なぜかって、中を見ても、たいていセールやイベントのお知らせなどの「売り込み」でしかないからです。
ほとんどのお客様が、わたしと同様にＤＭに対してまったく反応を示さないので、一般的にＤＭの反応率は１％にも満たない、と言われています。

一方、ポストに入って、必ず開封される手紙があります。

それは、家族や友人などの親しい、大切な人から届いた手紙です。ポストを開けて、その手紙を見た瞬間、思わず笑顔になってしまいます。そして、うれしいワクワクとともに、丁寧に開封して、何度も読みかえしたりして。また、読んだからといって処分せずに、大切に、机の引き出しにしまっておいたりしますよね。

そして、あまり時間を空けずに返信を書かなくちゃと、またを書くために読み返して、相手の様子を読みとって、体を気遣った末文で締めたりして。こうして、また相手から手紙が届いて……と、やり取りが続いていくわけです。

こういったやり取りと比べると、「売り込み」型のＤＭは、同じくポストに届く封筒なのに、なぜこんなにも大切にされないのでしょうか。まず内容を比べてみましょう。

ＤＭというのは、多くの場合
「来てください」
「買ってください」

という、お客様に対するお願いごとが主な内容です。そのために、

「お安くしますよ」

「こんなオマケをさしあげますから、来てくださいね」

という、お客が反応しそうだと思われる、悪い言い方をすれば、こういうものなら引っかかってくるだろう思われるオファーを用意していたりします。

でも、これって、あらためて考えてみると、お客様の立場としてはどう感じるでしょうか？

この手紙は、こちらがどんなで様子で生活しているのか、その会社やお店に変わらず興味があるのかどうかといった、受け取る側に対する配慮なんて一切ナシです。店や会社の近況を知らせるでもなく、こちらの様子を推し量るでもなく、誰にでも同じ内容です。

「ダイレクトメールなんだから、そんなもんだよ」

とでも、堂々と言ってのけそうな感じすら受けます。

相手のことを思いやらない手紙を送ってくる送り主に、どのくらいの人が共感するでしょうか。確かに、こういったダイレクトメールに反応するお客様は、少数ながらいるこ

とはいます。でも、このタイプのお客様というのは、いつも移り気です。セールの割引率やノベルティに魅力を感じて動くわけですから、他社、他店がもっと安く、もっといいノベルティを用意すれば、そちらへ吸い寄せられていってしまうかもしれません。

どんなにいい品揃えをして、気遣いながら接客をしていても、あなたに一途なお客様とのつきあいを続けられなければ、永遠に、移り気な人を追いかけることになってしまいます。そんな仕事、そんな人づきあいって、どうですか？　すごく消耗してしまいますよね。

もうおわかりですね。

支持してくださる顧客様がいる販売員さんは、会社が印刷したものではなく、自分で用意した便箋で手紙を書きます。そこには売り込みも、告知も一切ありません。お客様を気遣う言葉と、少しの私信。そして日ごろのおつきあいへの感謝。それだけです。

すると、まるで家族や友人からの手紙を受け取ったように、喜んで開封されます。中には8割以上の確立でご来店のある販売員さんもいるのです。

06 売れる販売員は、売り込まないのに売れる！

07 売れる販売員は「こんにちは」、ダメ販売員は「いらっしゃいませ」。

何も「いらっしゃいませ」というごあいさつが悪いというわけではありません。私たちは接客業ですし、お店を構えてそこにお客様が入っていらっしゃれば、「いらっしゃいませ。これだけたくさんあるお店の中から、当店を選んでご入店くださいまして、本当にありがとうございます」

という気持ちをこめての「いらっしゃいませ」ですから、意味合いとしてはもちろん正しいのです。

ですが、この「いらっしゃいませ」は、お客様にとってあまりに聞きなれた、**耳にタコができそうなくらい馴染みのあるフレーズ**であるがために、場合によっては、私たちの足を引っぱってしまうことがあるのです。

ちょっと思い起こしてみてください。あなたも、休日などに買い物をしていて、お客様の立場になったときには、「いらっしゃいませ」と言われる側になりますよね。いろいろとお店を見ていて、どのお店でも、入店すれば「いらっしゃいませ」もしくは「どうぞご覧くださいませ」といったあいさつが耳に入ってきます。

その「いらっしゃいませ」などの聞きなれたあいさつに対して、あなたは何か感じたり、言葉を返したり、リアクションしたりするでしょうか。

たぶん、とりたてて何か感じることもなく、あいさつを返さないことのほうが多いのではないでしょうか。

「いらっしゃいませ」を言う側としては、あらためて考えてみると、これはちょっと悲しいことですよね。せっかく言葉を発していても、お客様にとっては、聞こえても聞こえなくても同じことかもしれないなんて。

そこで、ぜひおすすめしたいのが「こんにちは」のあいさつです。

普段から「こんにちは」を使っているあなたはよくおわかりになると思いますが、不思議なあいさつなのです。「こんにちは」というとお客様も「こんにちは」と返してくださったり、音声にならなくても軽く会釈をしてくださったりする確立が、「いらっしゃいませ」に比べて圧倒的に高いのです。

お客様にインタビューしたことはないので、これはあくまで私の推測ですが、「こんにちは」というあいさつは、たとえば道で近所の人に会ったときなど、顔見知りの人同士で使うフレーズですから、なんとなく親近感が湧くというか、まるで散歩の途中で知人に会ったときのような気楽さがあるのだと思います。入店後も、自由に店内にいて、ゆっくり見られそうな、居心地の良さにつながっているのではないかと思うのです。

それと比べて「いらっしゃいませ」は、ほとんどお店でのみ使われるあいさつですから、売る側と買う側の立場をはっきりさせてしまうところがあります。「いらっしゃいませ」

と言われたからといって「いらっしゃいました」とは返しませんしね。お客様によっては、声をかけられて、まだ求めていないのに接客されてしまうのかもしれないという「売り込まれる恐怖」までをも、無意識に予感してしまうかもしれません。

ご入店時のあいさつ。日々のちょっとしたことかもしれませんが、ほかのどんな接客用語よりも、多く発している言葉です。どうせ発するなら、そのあと会話に発展するような、お客様にとって居心地の良さを感じさせるようなごあいさつのほうがいいですよね。

07 売れる販売員は「ご近所感覚」でお客様をリラックスさせる！

08

売れる販売員はお客様ネタ、ダメ販売員は商品説明。

接客のあと、ぐったりしている販売員さんを発見。聞けば、
「もう3時間も接客してたんです……。でも、お買い上げには至らず……」
その表情は、ぐったりそのもの。疲労感をともなった、寂しい笑顔を浮かべています。

何の話をしていたのか聞くと
「この商品の素材や形のことや、去年のものとの違いとか、あと……」
と、商品について一生懸命に話していたと言います。

3時間、休みなく話し続けて、それも話して楽しいこととか、自分の悩みを聞いてもらっていたとかならまだアリかもしれませんが、ずーっと商品説明をして、お客様はうなずくばかりだとしたら、相当ぐったりきちゃいますよね。30分だって辛いはずです。

確かに、接客の中で商品のことを詳しくお伝えすることが必要な場面というのはありません。お客様から質問されたときなどは、プロとして、その道の専門家として、商品の魅力や特性をわかりやすく、飲み込みやすく噛み砕いて簡潔にお伝えすることは、販売員として、欠かせない１つの技術でもあります。

ですが、間違えないようにしたいのは、**商品説明をすればそれが接客になるわけではない**、ということなのです。

だって、商品の品質や性能などは、インターネットですべて確認できることが多いですし、下調べしたうえで実物を見に来ているというお客様もいらっしゃいます。

また、まだそういうことを知りたいタイミングではないのに、唐突にあれやこれやと詳しい話をされても困るという場合もあります。

では、売れる販売員さんは何の話をしているかというと、びっくりするくらい、商品の話をしていません。

何の話をしているかというと、お客様が最近買ったものの話を聞いたり、お客様が今日履いている靴はどこで買ったものなのか聞いてみたり、お友達やご家族とはどんな遊びをしているかなど、お客様についていろいろ質問しながら、自分が話すというよりも、お客様に話してもらっています。

かといって、自分が話すのは大変だから、お客様をやみくもに質問攻めにしているわけではは、もちろんありません。他愛ない話から、そのお客様の生活環境や価値観、好みといった特性を感じとっているのです。そして、自店のどんな商品なら興味を持っていただけそうか、これからどんなつきあい方をしていこうか、というように、今日現在のことから、未来のことまで頭の中で**1人作戦会議**を開いています。

お客様の側はというと、販売員さんと話しているけれど、**この人は売り込もうとしないんだな**、ということが、話せば話すほどわかって安心できます。また、お客としてというよりも個人として大切に扱われていることを、快適に感じてくださるものです。

「わたしのお店の商品は、そんなにお客様と長く話すような商品ではないんだけど……」

というあなたも、いつもの接客の中にひとこと、今日のこれからの予定を聞いてみたり、お天気の話を挟んでみたりしてください。それだけで、ほかのお店とは違うな、と印象に残ることができるはずです。

08 売れる販売員は、お客様ネタを最大限！

第2章

接客・トーク 編

09

売れる販売員はあまりしゃべらない、ダメ販売員は一生懸命しゃべる。

これは結論から言ってしまいますね。

大事なのは
「間」
なんです。

ずーっと一定のテンポで話し続け、その内容も、まだお客様にとって、「そこまでつっこんだ話は、別に今聞きたいわけでは……」という話の場合、その語りかけは、まるで**BGMのように気にならない音**でしかありません。

せっかく話しているのに「気にならない」なんて悲しいですよね。
でも、一生懸命な販売員さんほど、こんな**ＢＧＭトーク状態**に陥りがちなのです。

お客様が興味を持った商品があるのなら、その良さをもっと伝えたい。
この前お買い上げになったお客様はこう言っていたから、教えてさしあげよう。
この商品は、すごくこだわってつくられているから、全部説明しなくては。

などというように、一生懸命で真面目な販売員さんほど、情報量をこれでもかと盛り込んで、勢いよくしゃべりまくってしまいます。その勢いに圧倒されてか、お客様は、店内にさらに踏み入れようとしていた足が、通路のほうへ方向転換されてしまったり、場合によっては「あ、大丈夫です」と接客を断られてしまったり。

一生懸命やっているのに……どうして……。

そうなると、一生懸命で真面目な販売員さんですから、話している内容がマズイんじゃないか……
もっとお客様にフィットした内容にしなくては……
専門用語を入れて話したほうが……

などと、トークの内容を見直してみたり。

でもね、そうじゃないんです。**見直すべきは、「間」なんです。**

しゃべらなきゃ、しゃべらなきゃ、と思うばかりに、視線は商品にばかり向いてしまって、トークを聞いているお客様のほうに視線がいっていない。それでは、お客様がその情報をほしがっているのかどうか、本当にその商品に興味があって見ていたのか、ただ単になんとなく見てみただけだったのか、わかりませんよね。

そこで、ひとこと話したら「間」をおく。
その「間」に、お客様の表情を見る。

その表情によって、一度引くのか、さらにお話しするのかを見極める。

その見極めは、最初からうまくいくものではありません。日々、お声がけするごとに、自分の中で統計をとっていって、自分自身のものさしをつくっていって、その精度を上げていくのです。私たちの仕事は、こういった職人的な仕事でもあるのです。

精度の高いものさしを持った販売員さんは、その間をとっているために、しゃべり続けたりはしません。一言、ひとことの合間に、お客様と呼吸を合わせるように間をとっていきます。その間ごとに、次の一言を選び、そのトークを設計していくので、話にムダがないうえに、言葉数は最小限。お客様も快適に話を聞いてくださいます。

09 売れる販売員は、トークのものさしを持っている！

10 売れる販売員はお客様を否定し、ダメ販売員はお客様に合わせる。

「お客様は神様です」

という言葉がありますね。演歌歌手の三波春夫さんが舞台でおっしゃった有名なフレーズです。


この言葉が独り歩きして、ご本人の意味するところとはまったく違って、

「お金払っているんだから、何言ってもいいでしょ」

「神様なんだから、もっと丁寧に扱いなさいよ」

というような、クレーマーのキメ台詞的な使い方をされてしまって困っている、という事務所のコメントが公式サイトにもあります。

ご本人としては、

「歌うときに私は、あたかも神前で祈るときのように、雑念を払って、心をまっさらにしなければ完璧な芸をお見せすることはできないのです。ですから、お客様を神様と見て、歌を歌うのです。また、演者にとってお客様を歓ばせるということは絶対条件です。だから お客様は絶対者、神様なのです」

という意味合いで、おっしゃっていたのだといいます。

なるほど。

まるで神前で祈るようにして、完璧なパフォーマンスを見せられるように……。

そのくらい、**お客様を大切な存在**として見ていることにおいては、お店でお客様をお迎えする私たちも、変わりはないかもしれません。

そこで、この項のタイトルは……というと、お客様を否定したほうが、売れるというものです。そのような大切な存在を、否定していいの⁉ とお思いになるかもしれませんが、いいんです。もっと言えば、大切な人だからこそ、ときに否定しなくてはならないのです。

たとえばお客様が、すでに持っているような商品をまた買おうとしているとき。これはムダ買いになりかねませんから、買うことを否定してさしあげなくてはなりません。またたとえば、あきらかにサイズが合わないような商品を買おうとしている場合、これもやんわりと否定して、方向転換してさしあげなくてはなりません。

買ったあと、自宅に帰って「また買っちゃった……」

使ってみてから「あれ？」

こんなふうに、大切な人を後悔させてはいけませんよね。

でも、お客様を大切にしなくては、と思うあまりに、

お客様のニーズを引き出して……

お客様のご要望を叶えるために……

お客様に喜んでいただくために……

と必死になって、お客様が欲しいと言えばその商品のよさを語り、サイズが少し合わなくてもそんなに気に入っているのならアリかな……と、お客様の「欲しい」に折れてしまったりする「やさしい」販売員さんもいます。

でも、本当の「やさしさ」は？ というと前者のほうです。また、信頼される販売員さんも前者のほうです。

否定するから、お客様は満足いく買い物ができる。
否定するから、お客様に信頼される。
だから、繰り返しご来店いただけるのです。

（信頼されたいからといって、何でも否定しては不快感を与えるだけですので、ご注意を。表面的なテクニックとしてじゃなくて、本当に必要なときに、必要なだけ）

10 売れる販売員は、否定するから、愛される。信じられる！

11 売れる販売員はロープレを嫌い、ダメ販売員はロープレに励む。

わたしは、ロープレが大嫌いです。

販売教育のプログラムに、わりあいと多く登場するロールプレイング形式のトレーニング。

でも、わたしの研修では、ロープレは行いません。

なぜかというと、一般的にロープレで行うトレーニングというのは単なる、

ダメ出しの嵐……

になりかねないからです。

声をかけるところから、お会計に至るまで、実践を想定して行いますが、多くの場合は先輩の販売員さんがお客様役をして、後輩の販売員さんが接客の練習をするようなパターンが多いと思います。

まず声かけのタイミングや、声をかける角度から修正が入り、そして商品説明の内容がうんぬんといった注意がされ、お客様を店内の別の場所までご案内するその案内のしかたがダメだと言われ、お会計のときのちょっとした言葉遣いや言い回しを指摘され、お見送りのときのお辞儀の角度や、何秒頭を下げなさい、という細かな部分まで、

ず―――っと、ダメ出しですよ。

これでは、自分には1つもいいところがない。あれもこれも、何をやってもダメ、自分はこの仕事には向いてないんだって思い込んでしまいます。そして、実践でもますますスランプに陥って、先輩の視線が刺さるように感じて、店内を動くのさえ怖くなって、最後は心療内科に通うようになって、退職……。

こういうケースが、実際に、本当に多いのです。ストレスが体の不調としてあらわれ、やがては心まで病気になってしまって、うまくできる、できない、の前に、もう仕事ができない状態になってしまうのです。

ここまでいくのは極端な例と思われるかも知れませんが、特に**新人さんが早期に退職される件数が目立つ会社**には、こういったケースが少なくないのです。

例年やっているからと、何も考えずにロープレによるトレーニングを続けてしまいがちです。

退職の理由として「ロープレが辛くて」とはなかなか言えませんから、ロープレが原因かどうかというのは、はっきりと見えてきません。

心身が辛くなって、というのが退職の「表」の理由になっていることが多いです。

なので、そのままロープレは続けられて……と、毎年毎年、新人さんの才能にふたをして、せっかくの人材をネガティブな形で手放してしまっているのです。

わたしのクライアントの中でも、販売力で売れているお店では、ロープレをやっているお店はほとんどありません。ロープレをする場合は、後輩販売員さんがお客様役で、先輩が販売員役で、先輩の接客を受けてみて、そこから学びを得ることを目的にしています。

あとは実践の中で、個人個人が研究して、独自の、個性ある接客をすることを推奨しているので、先輩がダメ出しするタイプのロープレは必要ないのです。

この項のタイトルは「ダメ販売員はロープレに励む」ですが、正しくは**「できなくさせられてしまっている販売員さんは、ロープレをさせられてしまっている」**です。

危険なのは、教えている側が、**ダメ出しをすればするほど、厳しく指摘すればするほど、相手のためにと熱心に教育しているような錯覚に陥ってしまう**というところなのです。

（一度だけ、クライアントのご要望で実施したことがありますが、それは「うちの販売員たちを、褒めてやってほしいんです」という趣旨にもとづいたものです。徹底的に一人ひとりのいいところを発掘して、評価するものとして実施しました。褒めまくりの拍手喝采、笑顔！　笑顔!!　のトレーニングとしてなら、やる価値があると思います）

11 売れる販売員は、ロープレよりも実践で育つ！

12

売れる販売員はお客様を帰らせ、ダメ販売員は必死で引き止める。

お客様の反応が得られない……

あ、また売り逃してしまった……

もう、どうしたらいいか……

という完全なスランプ。迷えば迷うほどに、売れないスパイラルに陥って……。こうなると、本当に辛い。予算と売り上げの差は、日を追うごとに開いていき、焦りは増すばかり。

売りたい。売りたい。なんとかして売りたい。

すると、目の前のお客様に、なんとかして売ろうとするようになる。多少無理売りになってもかまわないから、次回のご来店がなくても、**今日売れればなんとかなる！ というヤバい発想**にまで至ってしまう。

だから、お客様が買うか買うまいか悩んだときには、必死で売りこむ。必死でひきとめる。

「この商品は、〇〇ですし、〇〇ですし、〇〇ですし（売り込み文句）……」

「もう最後の1点ですので……」

それでも、お客様がやっぱりやめようという意思表示をすると、思わず残念そうな顔をしてしまう。

こうなると、ますますお客様の再来店は期待できなくなり、入店客数が減り、**無理売り体質**はますます濃いものとなり、やがてはお店の存続すら危ういものになってしまうのです。

こんな怖いスパイラルにハマりそうになったとき、売れている販売員さんはどうしているかというと……。

お客様が購入を迷ったら、帰っていただくのです。

「そんなに迷われるんでしたら、一度お店を離れたほうがいいかもしれませんね」

「お茶でもされてちょっとお休憩をはさんで、それでも欲しかったら、間違いないかもしれませんね」

などと言って、一度帰っていただくのです。

すると、お客様は、私たちが売り込もうとしていないことに安心されるとともに、私たちが、お客様が納得していい買い物をすることを手助けしようとしていることが伝わって、それが信頼感につながります。

また、売り込む必要がないくらい魅力的な商品であるということも暗に伝わります。すると、冷静に、買ったほうがいいかどうかを見極めることができるのです。

「でも、あれ良かったしなぁ」と、
戻ってこられたときは、ほとんどと言っていいほど、笑顔です。
「ほかも見て……考えて……、でもやっぱりこれにします」
と納得づくで、いいものを選ぶことができたことに「ありがとう」と感謝してくださいます。

悩んで悩んで、そのうえで買うことに決めたのですから、その買い物の満足感は、すっと決めて買ったときよりも、ぐっと高いものになるはずです。すると、いい買い物ができた店として、記憶してくださり、再来店につながっていくのです。

12 売れる販売員は、迷っているお客様に帰っていただく！

13 売れる販売員は商品を使う喜びを売り、ダメ販売員は商品の情報を売ろうとする。

これは、わたしがお客として経験した事例で、お話しますね。

ある日のこと。わたしが主人と子どもと一緒に近所を散歩していると、あるマンションの前に売り物件、という看板が出ていました。ちょうどそのころ、もうひと回り大きなところに住みたいと思っていたので、今の家からも近いし、見学させてもらおうと入って行きました。すると、今風の細めのシルエットのスーツを着た、若くてにこやかな営業マンが現れて、

「こんにちは、どうぞ」

と迎え入れてくれます。私たちは

「ちょっと見させていただきますね」

と断って、さっそく家の中を見て回ります。

「どうぞ、ご覧ください」

と、ここまでは、おそらく誰がやっても均一な接客ができると思います。

そこからです。

「これからご購入をご検討ですか？」

と質問されます。これは残念だなと思いました。この質問は、おおげさに言えば

「あなたは買うつもりがあるお客ですか？」

と質問しているのと変わりません。中には完全に冷やかしのお客さんという場合もあるかもしれませんが、少なからず興味があるからわざわざエレベーターで上がってまで見ているのであって、心のどこかでは、見てみないとわからないけど、すごく気に入ったら、検討しようかな、と思っているのです。

そして、今度はチラシを見せながら、駅から何分で、何平米で、1坪あたりにかけたリノベーションの金額はいくらで、近隣のほかの物件と比較した数字が並んだ一覧を見せて、比較的良心的な価格設定であることをアピールしてきます。

これらの情報は、まったく不必要だとは言いませんが、近所に住んでいて、今住んでいる物件を購入した経験から、それらの情報については熟知しています。そんな私たちに対して、情報で売ろうとしてもまったく響かないのです。

そんな数字的な要素よりも、主人と私は、空間デザインをした会社の趣味のよさにひかれて、「いいね～」と顔を見合わせながら見ていたのです。どこのなんというデザイン会社が手がけているのか、この会社がほかにつくった物件はないのか、もしあるなら、またはこれからつくるなら見てみたい、ということを伝えました。すると、

「この会社の本業は工務店で、マンションのリノベーションはほとんどやらないのです。社長の趣味というか、こういう仕事が好きなので、儲け度外視で好きなようにつくっていて……」

と、また価格の話に……。

すると、その営業マンの先輩が、助け舟を出すようにして

「ここからの景色の抜け感は、すごく気持ちがいいと思います。どうぞ」

と言って、私たちをベランダへと促します。私たちは、また「いいね～」と言って、し

ばらくその景色を眺めていました。今でも「ああいうリビングがいいね」と話をするくらいです。

これは、**商品の良さを知らせたいと必死になると、つい情報に片寄った接客をしてしまう**という1つの例です。

聞けば、私たちの前に見学に来たお客さんたちは若い方が多くて、価格に引っかかって悩んでいたとのこと。それで、さまざまな要素の中でも、特に価格に寄ってしまったのでしょう。

でも当然、お客様それぞれに求めているものは違います。たとえ価格が高いと感じたとしても、それをクリアしてしまうだけの喜びが手に入るのであれば、なんとかして購入しようと考えはじめるものです。

魅力的な、すぐれた商品は、世の中にあふれています。あなたの同業他社のお店も、品質、価格にこだわって努力しています。

13 売れる販売員は、購入後の満足感をイメージさせて、先に喜んでいただく！

14

売れる販売員はお客様を放牧、ダメ販売員は一本釣り。

ちょっとイメージしてみてくださいね。


ここは牧場。

すぐそこには、毛並みがキレイな馬、モコモコかわいい羊、立派な姿の牛……。

さまざまな動物が、青々と広がった美しい牧草を食みながら、ゆったりくつろいでいます。


一方、こちらは海。

クルーザーに乗った体格のいい釣り師が、荒波にぐらんぐらんに揺られながら、これ以上は寄らないというくらい眉間にしわを寄せて、歯を食いしばって竿を引っぱっています。

さて、質問です。

どちらの光景が安心して見ていられますか？

これは、何についての質問かというと、**お店にいるときの居心地**のことなんです。

もしかしたらあなたも経験があるかもしれませんが、自分がお客様の立場のときに、お店に入ると、まるで尾行するようについてこられて、商品を手に取ろうものなら、待ってましたとばかりにすかさず声をかけてくる販売員さんがいます。

わたしは、これを**「一本釣りタイプ」**の接客と呼びます。

狙いを定めた獲物を、どうにかして釣りあげてやろう、と鼻息荒く近づき、警戒されていることを感じ取れずに、結局逃げられてしまう。そんな、もったいない動きをしてしまっている販売員さんがいますが、こういう販売員さんは熱心な販売員さんなんです。真面目なんです。おそらく、

お客様をしっかり見て！
あまり離れないように距離を保って！
声をかけるタイミングを見失っちゃダメよ‼

などと注意されているのでしょう。それを忠実に守ろうとするあまりに、この「一本釣りタイプ」になってしまっているのです。せっかくがんばっているのに、お客様からすると執拗に追われるわけですから、自然と逃げたくなって、お店の外へ。結局、接客に入れずに、売り上げも立たないという悲しいループにはまっていってしまいます。

一方、売れる販売員さんはというと**「放牧タイプ」**の接客をしています。お客様が入店すると、ほかのお客様がゆったりと店内を見ています。その様子を見て、自分もゆっくり見られるかな、居心地のよさそうなお店だなと感じ、販売員を警戒することなく、**安心して、自由に店内を見て回ります。**

なぜこのような居心地のいい雰囲気をつくることができるかというと、「こんにちは」などのあいさつのあとは、しばらく話しかけないか、もしくは商品に一切触れない声かけ

をしているからなのです。たとえば、

「今日はあいにくの雨ですね。お足元の良くないなか、ありがとうございます。ごゆっくり雨やどりしてくださいね」

などと天気ネタに終始して、そのあとはまたお客様から距離をおくのです。

わたしは、このように一度あいさつしたり、声をかけたりしてもまた離れて、直接見ないようにして、**見守っている状態を「放牧」**と呼んでいます。放牧タイプの接客は、お客様の側からすると、話しかけたからといって、必ずしも売り込んでこないんだなという安心感があり、販売員に対する警戒を解いてくださるために、**滞在時間が長くなる**のです。

追い回して逃げられてしまうと、店内はいつも閑散として、入りにくい状態になってしまいます。ゆったり放牧ムードを演出して、何人ものお客様に、できるだけ長く滞在していただくことで、接客のチャンスが広がっていきます。

14 売れる販売員は、ゆったり見守る「放牧タイプ」！

15

売れる販売員はオリジナル、ダメ販売員はマニュアル。

聞こえてきませんか、お客様の心の声。

「ああ、またか……」

またか、と感じてもらえるうちはいいかもしれないけど、何も感じていただけなくなったら、本当に悲しいですよね……。

お店の前を通れば

「いらっしゃいませ〜、どうぞご覧くださいませ〜」

という、お決まりの挨拶。

商品を見ていたら

「そちらは、素材が○○で、この部分が○○になっておりまして……」
という、定型文の商品説明。

お会計が終われば
「ありがとうございました。またお待ちしております」
という、当たり障りのないお見送り。

これらは、どれも間違ってはいませんよね。マニュアルどおりの、間違いのないフレーズ。
でも、**実は問題だらけ。**

この本を手に取ったあなたなら、何が問題なのか、きっとおわかりだと思います。
そうです。**何の「引っかかり」もないことが問題**なのです。

言われ慣れたセリフというのは、まるで踏み切りの音のように、あんなに大きな音でカンカン鳴っていても、

「あ、踏切ね」

くらいで、特に何か思うこともなく通り過ぎて行く。

怖いことです。

1日に何回も言っているのに、気にも留めてもらえない。耳に入っているのに、脳には、心には届いていない。そんな切ないことって、ないですよね。


入店時のあいさつ、お声かけ、お見送り、という、どのお客様に対しても必ず発するこれらの言葉に、売れる販売員さんはどんな**オリジナルの「引っかかり」**をつけて、お客様との関係づくりのきっかけにしているのでしょうか。

たとえば、入店時なら
「こんにちは、お出かけ日和ですね。まだ出せていない商品もありますので、こんなのないかな？と思われたりしたらおっしゃってくださいね」
と言って、一度離れて「放牧」してみたり。

また、お声かけなら

「ん！　お客様、お目が高いです！　そちらは……」

と、クスっと笑っていただけるような一言を添えたり。

お見送りなら

「これはいいお買い物だと思います。楽しんでお使いになってください」

と、今日の買い物がいい買い物であったことを肯定してみたり。

ほかで聞いたことがないような内容や、**あなたならではの言い回し**があってこそ、あなたを目的にご来店くださる顧客様を増やすことができるのです。

15 売れる販売員は、わくわくしながらオリジナルの「引っかかり」を発明している！

16
売れる販売員は適当な敬語で話し、ダメ販売員は過剰な敬語を使う。

小学生の頃、クラスで人気のある男の子って、どんなタイプの男の子でしたか？

成績優秀、礼儀正しくて、先生によく褒められているような、優等生タイプでしたでしょうか。

それとも、そんなに成績は良くないけど、体育の時間になると脚光を浴びるような、また授業中にみんながクスッと笑うことを言ってみたりするような、ちょっとやんちゃなタイプでしたでしょうか。

みんなの目に魅力的に映ったのは、どっちかというと、後者ではなかったかと思います。

なぜ、こんな話題から入ったかというと、あなたと感覚的な部分を共有しておきたかったからです。ここではお話したいのは……

正しいに越したことはない
でも、正しいからって、それがお客様の心に響くかどうかっていうと、それはまったく別モノだったりする

という話なんです。

接客の中で、私たちはお客様を大切に扱おうと、できるだけ丁寧に、そして失礼のないように、ときには最上級にかしこまった敬語や謙譲語を使うこともあります。しかし、ここで間違ってほしくないと思うのは、**言葉が正しければ正しい分、丁寧であれば丁寧な分だけ、こちらの気持ちが相手に伝わるかといったら、必ずしもそうではない**、っていうことなんです。

優等生的に、いつも間違いのない日本語を使うことを不必要だと言っているわけではもちろんありません。しかし、言葉遣いに気を取られてしまって、肝心の内容が薄いものになってしまっている販売員さんをときどき見かけるのです。

これももしかしたら、過去の販売教育の弊害なのかもしれません。たとえば、接客八大用語を疲れ果てるまで唱和させられたり、ちょっとした言葉尻をとって、ここぞとばかりに厳しく注意することで「社会人としての緊張感」みたいなものを持たせようとする。そんな矯正型の販売教育からスタートを切らされた若い販売員さんたちが、「間違っちゃいけない」とこわごわ接客しているのを見ると、翼を奪われた天使を見ているようで、心苦しく、辛くなることがあります。

せっかく**その人らしい話し方や、言い回しや、その人らしい動き**を持って育ってきているのに、なぜか仕事、販売、接客となったとたんに、誰かが望んだ誰かの理想を満足させるようなパフォーマンスしか、させてもらえなくなってしまう。こんな苦しくて、やりにくくて、辛いことってあるでしょうか。

確かに、敬語、謙譲語、正しい言葉遣いができることは大切です。しかしもっともっと大切なのは、それらを正しく身につけたうえで、今度はその人なりのアレンジで、お客様に楽しく聞いていただけるような、オリジナルの話し方に、自由に進化させていくことなんです。

売れている販売員さんたちの接客を聞いていると、スパイスを利かせるように、あえて「タメ語」を織り交ぜたり、おもしろさを増すために、丁寧過ぎる謙譲語を自分に向けて使ってみたりして、お客様との時間を楽しいものにする工夫がされています。

売れている販売員さんの会話をここに文字で書いたら、もしかしたら、失礼だったり、めちゃくちゃだったりするかもしれません。でも、そのあえてアレンジした会話こそが、互いの共感を深めたり、つながりを強くしたり、親しみを感じたりしていただくために効果的だったりするのです。

16 売れる販売員は、基礎の上に自分らしいアレンジをする！

17

売れる販売員はお客様のプライベートに踏み込み、ダメ販売員は当たり障りのないトークに終始する。

売れている販売員さんと顧客様との話を聞いていると、それはもう「え？ そんなことまで⁉」というような話をしています。

たとえば、お客様のご家族の話。お子さんの学校のことや、お友達とのこと、ときには彼・彼女の話まで。場合によっては「最近、だんなの動きが怪しくて……」（！）というような、これ以上立ち入った話もないだろうという話まで。

または、特に話をしなくても、ご来店のたびに違う女性を連れてこられるお客様などの場合には、これ以上ないくらい、開けっぴろげに私たちにプライベートを見せてくださっているわけですから、それはそれ相応に、お連れ様に気を配った対応をするものです。

さて、ここでちょっと考えてみてください。あなた自身はどうですか。遠慮なく悩みを打ち明けたり、プライベートを安心して見せたりすることができる場所というのは、どれくらいあるでしょうか。あなた自身の心の中の話を、余計な前置きなしにできる相手、あなたの人生の歩みを、ほとんど知っているだろうというくらいに、あなたのことを話している相手というのは、何人くらいいるでしょうか。

また、その相手に対して、あなたはどんな感情を持っていますか？ おそらく、特別に、信頼できる相手だと思っているからこそ、それなりに長くもつきあってきて、あなたについて知っている人なのではないでしょうか。

では、話を戻しましょうね。

売れている販売員さんは、お客様からプライベートの話を「そんなことまで？」というくらい話してもらっています。

ということは、あなたにもいる「特別な相手」と同じように、お客様から「特別な人」として扱われているということなのです。

お客様から「特別」に思われるには、それ相応の時間が必要です。今日初めてご来店くださるお客様に、はじめからそう思われようとして焦る必要はありません。

繰り返しご来店いただく中で、あなたも自分自身についての話をしてみましょう。そしてしだいにお客様の警戒感が解けていけば、お客様も話してくださるようになります。

そのように、ゆっくりと関係を深くしていけばいいのです。

そのためには、繰り返しご来店いただくこと。
今日、お買い上げがなくても、十分に対話をしておいて、記憶に残っておくこと。

それこそが、顧客様をつくり、顧客様との関係を強くしていく心構えの1つなのです。

「用もないんだけど、ちょっと来ちゃった」

と言ってたびたび顔を見せてくださるお客様が、毎回ではないけれど何かお買い上げくださる。そして帰り際には、

「ありがとうね、また来るね」

と言って帰っていかれる。私たちは売り上げを応援していただけて、お客様は話をできた時間に感謝して帰っていかれる。

比べてみてください。
「ありがとうね、また来るね」と言われるのと、
「ありがとうございます。またどうぞご来店くださいませ」と延々お礼を言い、お願いし続けるのと。

当たり障りのない、どの店でもするような会話をしていては「特別な人」、「特別な店」にはなれません。

17 売れる販売員は、お客様に応援され、お礼を言われ続ける！

18 売れる販売員は何を持っているかを聞きだし、ダメ販売員は何が欲しいかを聞きだす。

「今日は何かお探しですか?」

これ、もっともお客様が反応しにくい質問のしかたです。

何か目的のものがあって、それを探してご来店になるお客様は、数パーセントいらっしゃいますが、それ以外のほとんどのお客様は、

「何かいいものがあれば買ってもいいかも……」

というくらいの、なんとなくのお散歩ムードでご覧になっています。

ですから「何かお探しですか?」の問いには、

「いいえ、特に……」

という、そっけないお答えが返ってくるのが、ほとんどです。

また「何かお探しですか？」という問いかけには、

「何か興味のあるものは？」

「何か欲しいものは？」

という具体的な返答が必要になるようなニュアンスが含まれているのです。しかし、お散歩ムードのお客様にとっては、まだ特に接客は必要としていない段階ですから、「こんなものがあれば……」などというお答えは返ってきにくいのです。

ですから、残念ですが「何かお探しですか？」と質問している限り、それ以上の接客に入ることができるのは数パーセントに限られてしまいます。

そこで、売れている販売員さんは、何を聞きだそうとしているというと、

お客様のご自宅にどんなものがあるか

ということです。

なぜ自宅にあるものを知る必要があるのかというと、それは、納得のいく、いい買い物をしていただくために知る必要があるのです。

お客様がどんな家で、どんなインテリアに囲まれて、どんな生活をしているのか、誰のために使う時間が長くて、そのときはどんなファッションで、どんなことを思いながら日々生活しているかを知ることで、お客様にとって、

買ってもいいもの
買う必要がないもの

が見えてきます。

たとえば、アパレルを販売している場合、お客様の手持ちの服と、これからおすすめしようとする服が、コーディネートとして一緒に着ることができれば、それは買ってもいい商品です。そして、使うほどに便利さが感じられて、満足度の高い買い物になると言えます。

それとは逆に、いいなと思っても、買って帰ってみたら、合わせる靴もなければ、持て

るバッグもない、となってしまった場合、せっかく買った商品は、たんすの肥やしになってしまうか、もしくはその商品を使うために、さらに買い物をしなくてはならないことになってしまいます。

何でも売れば、その場の売り上げは立ちますし、その場の達成感はあるかもしれません。しかし、お客様にとっていい買い物でなければ、そのお客様がまたご来店くださる確立は低くなります。そのような「その場限りの売り方」をしている販売員は、顧客が少なく、そのため売り上げは常に安定せず、尻すぼみに低くなってしまいます。

18 売れる販売員は、お客様にとって必要度の高い商品をお売りする！

19
売れる販売員は必要以上に売らず、ダメ販売員は買ってもらえるだけ売る。

誰だって、売れるだけ売りたいですよ。

そりゃ、販売員ですから。売り上げを上げてナンボですから。

……こういう気持ちが、私たち販売員の正直なところ、かもしれません。

でも、トップクラスの販売員さんは、お客様に対して、**「あえて売らない日」**を設けています。

お客様にはいつもどおり、店内をぐるりと自由にご覧いただいて、必要であれば商品のことをお話しして、試すことができるものは試していただいて、ご検討におつきあいします。

ですが、お客様が買おうかと本格的に検討に入ったところで、
「〇〇様、今日はお休みされてもいいかもしれませんよ」
などと言って、検討にストップをかけるのです。

するとお客様はちょっと驚かれます。

なぜ？
買おうか検討しているのに？
売るのが仕事なんでしょう？

というお顔をされます。

そこで、そのお客様ごとに、理由をお伝えします。

「前回、かなりお買い上げいただいてますから、まだお使いになっていないものもある

のではないですか?」

「似たようなものをお持ちですもん。これは定番商品ですから、今日でなくても大丈夫ですよ」

などというように、お客様それぞれのケースごとに、お売りしない理由をお伝えするのです。

すると、お客様は
「そうだな、今日はやめとこうかな」
「いや、これは欲しいから今日買っていきます」
というように、買うか買わないかの選択をされます。

一度、購入へのストップをかけると、やめておくという場合は、

「ブレーキをかけてくれてありがとう」

と感謝されますし、またやっぱり買おうという場合でも

「何でも売ろうとしないところが、信頼できるなぁ」

と私たちに対して、ある特別な見方を持ってくださいます。

「今日は売らない日」

と決めてもいいですし、ケースバイケースで「ここはお売りしないでおこう」という形でも、それはあなたのアレンジしだいです。

19 売れる販売員は、お客様といいバランスで細く長くおつきあいできる！

20

売れる販売員は数打ちゃ当たる、ダメ販売員は数打たず外す。

売れる販売員さんというと、接客すれば高確率で売り上げにつながるような、いわば選球眼のあるイチローのようなスペシャルなバッターをイメージするかもしれませんが、それが意外とそうでもないのです。

そんなに売れるのだから、上手にお客様を選んで接客に入っていて、その接客の精度が高いから売れているんだろうと思われがちかもしれませんが、実のところどうかというと、そんなにスマートな売り方をしていません。

でも、売れていない販売員さんからすると、売れているのはお客様を選ぶのがうまいからだろう、接客のトークに何か秘密があるのだろう、というように見えるようです。お買い上げになりそうなお客様を選んで接客に入ろうとしたり、切り取ったようにあるフレーズだけをマネしてみたりすることがありますが（マネから自分流にすることはとっても大事ですが）、そんなふうに小手先のテクニックに偏ったやり方で、本当に顧客様の心が掴めるかというと、やはりそうではないのです。

売れている販売員さんは、**言ってみれば「ブルドーザー型」**の、見方によってはすごく泥臭い売り方をしています。

まず、接客の準備段階から、ブルドーザーのようにごっそり、店の中にいるお客様はもちろんのこと、まだ入店されていない、店外にいるお客様まで、目で認識できる範囲のお客様を同時進行でがっちり観察しています。

＊他店では何を見ているか。
＊今日はすでに買い物をしているのか、していないのか。
＊どんな服装で、どんなものが好みか。
＊仕事は何か。
＊今日はどういうスケジュールで動いていそうか。

などなど、服装や動きなどの見てわかる情報から連想して、お客様の今の心理状態に探りを入れています。

そして、入店後もしばらく「放牧」しながら観察を続け、タイミングが来たお客様に対して次々とお声かけをし、また放牧、という繰り返しを何客か同時進行して行っているのです。

できるだけ多くのお客様を守備範囲に入れて、ごっそり接客しようという、まさにブルドーザー的な動きの中で、**「数打ちゃ当たる」精神**で接客しています。

しかし、その動きは実にスマート。視界に入る限りのお客様をびっちり観察していても、その顔はクールで、まるで見ていないそぶり。お声かけも、ある距離感を保ちながら、売り込まない姿勢を見せつつ、一声かけたらまた「放牧」ですから、その動きは控えめそのものです。

もうおわかりですね。

売れる販売員さんは、お客様を選んでいるのではなく、すべてのお客様を見ているのです。

また、接客トークのテクニックだけが優れているのではなくて、「放牧」しながら観察しているので、それぞれのお客様のペースを合わせて接客に入っていけ、そのあとのお客様との対話がスムーズにできるのです。言い換えれば、スムーズに入っていけないお客様には、まだ接客に入らないということなのです。

お客様を選んでいるうちは、「数打たず外す」状態から抜け出せず、自分の観察力を育てる事ができません。

そして、ますます売れている販売員さんに差をつけられてしまいます。

20 売れる販売員は、お客様を選ばず、ぜーんぶ見て、ぜーんぶ放牧、ぜーんぶ接客！

21 売れる販売員は二刀流、ダメ販売員は一本刀。

わたしは6歳から剣道をしていますが、剣道では、ほとんどの剣士は竹刀を一本持ったスタイルですが、地方によっては二刀流の剣士がいるところもあり、個人的には「なんかかっこいいなぁ」と憧れを持っています。

一対一という意味では、剣道も接客も同じで、販売員とお客様の一対一の対話から成り立っていますよね。

ですが、売れている販売員さんはというと、**一対一ではなく一対多数のスタイル**であることが多いのです。これをわたしは**「二刀流接客」**と読んでいます。

接客に入ろうとするとき、ダメな販売員さんの場合、一客に狙いを定めて、そのお客様を観察して、そのお客様に対して一進一退しつつ距離を取りながら、声をかけて接客に入っていこうとする傾向があります。

それに対して、売れている販売員さんの場合、二刀流、いや三刀流で攻めていきます。（お客様に刀を向けるという表現はちょっとよくないかもしれませんが、わかりやすさのために、お許しくださいね）

ちょうどイメージしやすいのは時代劇の殺陣の場面かもしれません。中央には暴れん坊将軍などのヒーローが1人、それを取りまくようにして何人もの侍が構えている、クライマックスのシーン。

そこでヒーローは、360度、どこから斬りかかってこられてもいいように、両手に二本の刀を持ち、斜に構えて、前面はもちろん背後の敵にも気を向けています。

ここでポイントになるのは、

「二本の刀」であることと**「斜に構える」**という部分です。

売れる販売員さんは、お客様を一客にしぼりこんでから接客に入ることはしませんから、正面を向けてというよりは、ほかのお客様にも気を配っているという意味合いをこめて、無意識のうちに体を斜めに向けてお客様に声かけをしています。

そして、最初のお声かけをすると「ごゆっくりご覧くださいね」などと言ってまた離れ(「放牧」ですね)、また別のお客様に目と気を向けて、別のお客様にお声をかけていきます。こういった繰り返しの中で、反応をみながら、どのお客様に具体的な接客に入ろうかバランスをとっているのです。

ですので、二刀流に限らず、場合によっては三刀流、四刀流という構え方になります。

お店の中で華麗に殺陣を舞うように動く販売員さんは、なんとも軽快で、斜に構えている分、お客様に圧迫感を与えず、まるで花から花へとヒラヒラと動いていく蝶のようでもあります。

でも、一客のお客様に対しての接客に入ってからは、それはもうじっくりです。時代劇の殺陣のシーンで言えば、最後に残った敵を相手に、一対一に剣先を交わらせるようにして、正面の構えで、相手の呼吸を読むようにして、打つ機会を狙っているのです。

（お客様に刀、打つ、などの表現はちょっと不適切かもしれませんが、切るか切られるかくらい真剣だという意味合いで、わかりやすさのための表現としてお許しくださいね）

21 売れる販売員は、３６０度に対して気を向けて構えている！

22 売れる販売員はお客様を安心させ、ダメ販売員はお客様を怖がらせる。

私たちにとって、お店という空間は、1日8時間以上という、長い時間いる場所です。寝ている時間を除けば、自宅で過ごす時間よりも長くいることになりますから、それはもう慣れ親しんだ、隅々までよく知りつくした場所ですよね。

では、お客様にとっては、どうかというと……?

ちょっと、ここで思い起こしてみてください。

あなたが、休日にぶらぶらとお店を見て回っているとしましょう。入ったことがあるお店ももちろんありますが、初めてのお店に入るときを考えてみましょう。

初めて入ろうとするお店で、あなたはどんな行動をし、どんな感じ方をするでしょうか。

まず、入り口に立って、今から足を踏み入れようとする店内の空間を一通り見渡して、どこから見ようかと無意識に考えます。多くの場合は左回りに、店内を見回していきます。

なぜ左回りに歩くパターンが多いかというと、心臓がある左側を守るようにして、右側を空けておくほうが、安心できる状態だからだといわれています。

そうです、お気づきのとおりです。

心臓を守りたくなってしまうくらい、アウェー感が強いのです。

そして、そんなアウェーな空間を、警戒しながら歩いて見ていると、ふいに声をかけられたりします。突然ですから、もうそれは驚くとともに恐怖です。まだ興味を持っていない商品について、その品質や価格のことなどをどんどん話されるのです。これが20ページでもお話しした「売り込まれる恐怖」です。

そして、店内にはもう1つの恐怖があります。

それは**「気づかれない恐怖」**です。

心臓を守りたくなってしまう、突然声をかけられて怖い思いをするかもしれない、そんな空間にあえて足を踏み入れて、滞在しているのにも関わらず……

あいさつの一言もない。

退店しようとしても「ありがとうございます」もない。

まるで無視。

無視されるというのは、心理的にもとてもストレスのかかることです。

せっかく入店して、商品を見て、触って、陳列をちょっと崩してしまったりしたときなどは、お店をあとにするときにちょっと申し訳ない気持ちになったりもします。

そんなとき「ありがとうございます」の声が聞こえると、「あ、また見にきても大丈夫だな」

と安心できますが、そのまま何の声も聞こえないとなると、「もう見に来るなってことかな」とまで感じるお客様もいらっしゃるかもしれません。

お店にある「2つの恐怖」をいかに感じさせずに、快適に、居心地良く店内にいていただけるかどうかが、次のご来店があるかどうかにつながっているのです。

22 売れる販売員は、「アウェー」ではなく、「ホーム」の安心感をあたえる!

第3章

身だしなみ・身のこなし 編

23

売れる販売員は遅刻してでも化粧、ダメ販売員は電車で化粧。

時は金なり。
販売員の見た目も金なり。

私たちの仕事は、見られてナンボ。
ステキと思われてナンボなのです。

だって、私たちの仕事場は、**1日8時間以上、出ずっぱりの表舞台。**お店にいる間中その姿をさらして、動いて、笑って、しゃべって、というパフォーマンスを続けているのです。
それをたくさんのお客様に、こちらが気がついている場面でもそうでない場面でもずっとずっと見られているのです。

そういった意味では、タレントさんや女優さん、俳優さんバリに、**自分の見た目を商品だと思ってケアしなくてはならない**のが、私たちの仕事だと言えます。

そこで、あなたに質問です。

あなたは寝坊して、いつも出かける時間に目を覚ましてしまいました。さて、ヘアメイクはどうしますか？ 遅刻してでもかっちり仕上げて出かけますか？ それともノーメイクで家を出て、通勤電車の中でメイクしますか？

正解は……

「遅刻してでも仕上げて出かける」です。

なぜなら、**私たちの見た目は商品**だからです。

納品された商品を、梱包材がついたまま店頭に陳列しないのと同じで、**お客様に見ていただくためにベストな状態になっていないものをお店に出すことはありえないのです。**それは私たちの見た目も同じことです。

ましてや、通勤途中の電車で人目もはばからずに化粧をするなんて、こちらは気がついていないとしても、どこかでお客様が見ているかもしれません。誰も見ていないとしても、身支度を人前でするという意味では、人前で着替えをするのと同じことです。そんな恥ずかしいことができる販売員さんに、お店で本物のパフォーマンスができるでしょうか。

だ・か・ら

「遅刻してでも化粧して来い！」

なのです。

でも、遅刻がＯＫというわけではありませんよ。

ノーメイクで出勤するよりはマシだ、というだけでプロとして遅刻はもってのほかです。

どうしても時間がないという朝もありますから、そんなときのためのリカバリープランを用意しておくというのもいいですね。

たとえば、

＊太めのフチのメガネをかける。

＊髪をキュッと1つに束ねて、チークだけはきちんといれる。

など、ある程度ＯＫが出せる状態を、最短でつくれるように考えておくことも必要かもしれませんね。

23 売れる販売員は、自分の見た目が商品だと知っている！

24 売れる販売員は後ろ姿をチェック、ダメ販売員は自分の顔をチェック。

結論から言っちゃいます。

顔よりも、後ろ姿を見られている時間が長いのよ、という話です。

前項でもお話したように、売れる販売員さんは、自分の見た目は商品であるということを熟知しています。そのため、自分の見た目を管理することには人一倍気をつかっています。

中でも、自分の後ろ姿に対するこだわりが強いのが特徴で、今日の服装は後ろからみてもバランスがいいかどうか、靴のかかとは痛んでいないか、髪型は後ろから見てもまとまっているかというように、後ろから見られたときにどうか、という視点で常に自分自身をチェックしているのです。

なぜそんなに後ろ姿を気にするのか、ちょっとお客様の視点で考えてみましょう。

あなたはお店の中にいて、まだ接客をしていない状態で商品の陳列を直したりして、動きながら待機をしています。お客様は、まだあなたの姿を認識できるほど近くには来ていませんが、今、ちょうど隣のお店の前あたりを歩いていて、まもなくあなたのお店が視界の中心に入ろうとしているところです。

すると店内の環境とともに、あなたが見えてきました。あなたはお客様に対して後ろ向きの角度で、棚に陳列された商品を直しているところです。

そして、お客様は店頭に立って、いよいよ入店されようとしています。すると店内にあなたがお客様に対して横向きに立って、今度は別の棚の陳列を直しています。

あなたはすでにお客様の存在に気がついているので、そろそろ一度お声をかけようかと、少しだけお客様との距離を縮めます。

そしていよいよお声かけをします。

「こんにちは。今日はすごく冷えますね。ごゆっくりどうぞ」

するとお客様は、あなたのほうを見て、あなたの顔を含めた前向きの姿をやっと認識します。

ここまで来て、やっとです。やっとあなたの顔や前を向いた姿を見てくださいます。もしかしたら、最初のお声かけでは、しっかりとこちらを向いてくださらないことのほうが多いかもしれません。すると、本当に一対一の接客がはじまってから、やっと私たちの顔を認識してくださることになります。

もう、おわかりですね。

お客様があなたを最初に見るのは、正面ではなく後ろ姿、もしくは横から見た姿なのです。

ということは、あなたの第一印象を決定づけるのは、**正面から見たキメ顔ではなく、何**

も用意していない、無防備な後ろ姿なのです。

ちょっと怖いですよね。

私たち接客業のプロは、顔の表情を大切にして、日々笑顔のトレーニングをしたり、できるだけ表情がよく見えるようなメイクを心がけたりしています。でも、その正面顔を見る前の長い時間、後ろや横を見られていると思うと、どこも手を抜けるところはないのです。

24 売れる販売員は、３６０度、見た目で勝負している！

25

売れる販売員はバックヤードの鏡を使い、ダメ販売員は店頭の鏡を使う。

わたしはクライアントのお店に行くと、まずバックヤードをチェックします。なぜなら、バックヤードが片付いていないお店で、売れているお店はないからです。

売れているお店のバックヤードは、その日突然、他店からヘルプの販売員さんが来ても、どこに何があるかすぐわかるように、丁寧に品番がつけられていたり、わかりやすく分類されていたりして、お客様にお見せしても恥ずかしくないくらい綺麗に整ったバックヤードになっています。

またそれとは逆に、売り上げに悩んでいるお店はというと、足の踏み場がないくらいにパッキンやこれから捨てるごみなどが散乱していたり、隅っこのほうにはホコリがたまっていたりして、ちらりとでもお客様に見られてはいけない状況になっています。

そして、どの程度片付いているかということ以外に、もう1つチェックすることがあります。それは**全身が映る大きめの鏡があるかどうか**です。

たいていのお店には、笑顔をチェックするために、バックヤードの出入り口のドアなどに、小さな鏡が貼りつけてあったりします。ちょっとしたメイクのくずれやヘアの手直しをするのには、近くで見られる小さな鏡があれば十分です。

ですが、前項でお話ししたように、後ろ姿や横から見た姿をチェックするのには、やっぱり全身鏡が必要です。また、できるだけ遠くからチェックできるような位置を選んでおくことができればベストです。

バックヤードに全身鏡があれば、お客様の視線を気にせず、存分に自分の見た目をチェックし、おかしいところがあれば調整してから、安心して店頭に出ることができます。

ですが、ダメな販売員さんの場合、お店の外にいるお客様の視線が気にならないために、誰が見ていようがおかまいなしで、店内のお客様用の鏡で自分の顔から何から、ときにはものすごく鏡に顔を寄せて、人に見せてはいけないような表情で、顔についた髪の毛を払おうとしたり、歯に何かついていないか見ようとしたりしています。

そんな様子をお客様が見たらどう思うでしょうか。お客のことなんてお構いなしなんだな、と思われてもしかたがないのではないかと思います。

バックヤードに全身鏡を置く余裕がなければ、できるだけお客様から見えにくい場所の鏡を使って、こっそり、見ていないようなそぶりで、チラッチラッとチェックすればいいのです。

また、バックヤードに鏡を置こうとすると、置くスペースをつくるためにムダなものを捨てたり、整理しようとしたりして、バックヤードが片付いてきます。

もし、あなたのお店のバックヤードにまだ鏡がないという場合には、ぜひ先に購入してしまって、まずは置いてしまう！
置いてしまえば周りを片付けなくてはならなくなる！
という流れで、この際、徹底的にバックヤードをピカピカにしてしまいましょう！

25 売れる販売員は、自分の見た目をチェックするときも、こっそりスマート！

26

売れる販売員は自分のキャラクターを磨き、ダメ販売員は無難なヴィジュアルで満足する。

別の項でもお話しましたが、私たちの見た目はある意味、商品でもあります。

それは、タレントさんや女優さん、俳優さんと同じくらい、見た目ににじみでるキャラクターや、それによって与える印象というものまでを含めて、お店の価値をあらわすものであるとも言えます。


わたしのクライアントの中でも、売れているお店に行くと、ほとんどの場合、

「うわ、濃い」

という印象を受けます。


見た目のキャラクターが、濃い、濃過ぎるくらい濃いのです。

一人ひとりのキャラが濃い、ということは、それぞれのキャラクターの違いがはっきりとしていて、それぞれに引き立っているということでもあります。

お客様から見ると、

「あのメガネの販売員さんね」

「あの坊主頭の販売員さんでしょう?」

「あの背の高い販売員さん、この前駅で見ましたよ」

などというように、それぞれに際立った特徴があるので、**覚えていただきやすく、接客の中でも話題にのぼりやすい**のです。


すると、自分が休みの日に、顧客様がたまたまご来店されたときも、顧客様はほかの販売員のことも覚えてくださっているので、どの販売員でもお相手がしやすいということになります。

また、お洋服など身につける商品を扱っている場合には、個性的な販売員が、それぞれに着こなしたり使いこなしたりしていることで、商品のバリエーションが豊かに見えるという効果もあります。

さらに、お店の前を初めて通りかかって、入店してみようかどうか、無意識の中で検討しているときに、さまざまなタイプの販売員が目に入ってくることで、その中の誰かの雰囲気が、お客様自身と近しい感じであれば、

「あ、この店はわたしが入ってもいい店だな」

「わたしが欲しいものがあるかもしれないな」

と感じさせ、入店につながりやすくなるのです。

ここで、ちょっとおさらいです。一人ひとりのキャラが濃いと、

＊覚えていただきやすい。

＊誰でも接客につきやすい。

＊品揃えが豊富に見える。

＊入店しやすさにつながる。

などなどの効果があり、売り上げアップを後押ししてくれるわけです。

どうでしょう。こんなに効果的なのに、何人もいる販売員が、誰を見ても同じ感じに見えてしまっているお店は、本当にもったいないないですよね。

自分のキャラクターに磨きをかけ、販売員でない一般の方よりも、ちょっとだけキラっと光る、ちょっとだけいい意味の「やり過ぎ感」のあるヴィジュアルづくりを心がけている販売員さんは、やっぱり売れているのです。

26 売れる販売員は、キャラの濃さで記憶に残る！

27

売れる販売員は音が静か、ダメ販売員は音がうるさい。

パタパタパタパタパタパタ…………

どすん、どすん、どすん。

これは、売り上げに伸び悩んでいるお店の「音」。

一方、売れているお店の「音」はというと、

……………………

……………………。

あれ、音がしませんね。

この差はいったい何かというと

「気遣い」
の差なのです。

お店はあくまで、お客様にお入りいただくための、お客様に滞在していただくための、商品を見ていただくための、お客様のための空間です。

そこでは、私たちは必要に応じて現れ、何か買い物の手助けをすることもあれば、ときによっては姿を消し、気配を消し、お客様にとってまったく気にならない存在になる「気遣い」が必要です。

他店から急ぎの電話がかかってきたからといって、パタパタと靴の音をさせて走ることも、開店中に納品が入ってきたからといって、パッキンをどすん、どすん、と床におろすことも、お客様にとってはどちらも不必要な音ということになります。

それらの音が
「あれ、なんだろう」
くらいの聞こえ方ならまだいいかもしれませんが
「うるさい店だな」
というレベルになると、お店の品揃えや接客まで良くないような印象を与えてしまいかねません。気遣いのあるなしの段階に至る前に、お店を出ていかれてしまうかもしれません。

また、私たちの動きによる音だけでなく、ＢＧＭなどもお客様のお耳に入る音として欠かせないものですが、これも私たちは毎日聞いているために、内容や音量に対して客観的に見られなくなりがちです。

足音や作業の音になどに加えて、時々は他店の様子と比較して、快適な「音環境」づくりを心がけたいものです。

私たちは接客のプロであり、気遣いのプロです。

私たちの一つひとつの動作がどんな印象を与えるかを気にするのと同様に、一つひとつの音が、お客様にどのような感情をもたらすかにまで気を配りながらパフォーマンスをすることが、プロの所作であるといえます。

私たちは、お店というオーケストラのコンダクターなのです。

27 売れる販売員は、音にも気を配り、快適空間を演出！

28

売れる販売員は小走り、ダメ販売員はマイペース。

あなたがお客様の立場で買い物をしているときに、

「お店の雰囲気」

というのを感じることがあると思います。

＊なんとなく入りやすい。

＊なんとなく居心地がいい。

＊なんとなく入りにくい。

＊なんとなく出て行きたくなる。

お店の雰囲気というのは、私たちの味方になってくれることもありますが、私たちの足を引っぱってしまうこともあります。

ここでちょっと、**お店の「空気」**について一緒に考えてみましょう。

これはわたしの主観ですが、売れているお店というのは、独特の「空気」を持っていると思います。その空気というのは、常に流れていて、お店の隅々まで空気が動いていて、扇風機を回しているわけでもないのに、なんとなく肌にさわやかな感覚があり、居心地のよさを感じます。

一方、売り上げに悩んでいるお店はどうかというと、お店の全体の空気に活気がないというか、空気に動きがないというか、特にお店の「角」に、ほこりがたまるように、空気もたまっているというか、なんとなく淀んだ感じを覚えてしまうのです。

なぜ、このような「空気」の違いが生まれるのか、とても興味深いと思ったわたしは、いわゆる「気」の分析をし続けています。クライアントのお店はもちろんのこと、お客としてお店を見るたび、感じるたびに、その原因を探り、売れているお店にある共通点、伸び悩んでいるお店にある共通点をあぶりだしてみています。

すると、おもしろいことがわかってきました。

そのキーワードは**「小走り」**です。

売れているお店の販売員さんたちは、動きが機敏。実際に忙しいことも手伝って、常に小走りか、それに近い早歩きで、お店の中をいそいそと動いています。そのため、お店の中の**空気も動かされて、心地いい流れができている**のです。

一方、売り上げに悩んでいるお店はというと、お客様も少なめで、特に急ぐ用事もないということなのでしょうか。販売員さんは片足に体重を乗せてしばらく同じところに立っていたり、動きがあっても、それはとてもゆっくりマイペースで、空気を動かすほどの動きではなかったり。

まるで、お店の前の通路と店内に何か見えない壁でもあるかのように、お店の中の空気だけが重たく見えてしまうのです。

もしあなたのお店が、今、後者のような感じがするという場合でも、安心してください。売れているときのような「空気」「雰囲気」を、あなたの手でつくりだすことは可能です。

何をすればいいか、というと
スバリ、「小走り」です。

急いでなくても、いそいそ小走り。店内の空気をかき混ぜたり、押し動かしたりするような感覚で、動きを出してみます。すると店内に「活気」が生まれ、それを感じたお客様が、徐々に入店しはじめるから、本当に不思議です。

お客様に対して、私たちの誠意や真心を伝えるために適した動作というのはさまざまありますが、中でも「小走り」というのは、一生懸命さを伝えるのにも、とてもいいパフォーマンスです。

実は、わたしは「日本小走り協会」の会長を自称しています。

あなたも会員に、ぜひ。

28 売れる販売員は、小走りでお店の空気を活気づける！

第4章

考え方 編

29

売れる販売員は未来の売り上げを見据え、ダメ販売員は今日の売り上げに気を取られる。

「予算」

という字を見るだけで、胃が痛くなりそうになった経験、あなたにもありませんか？

年間の予算があって、そこから月の予算を出して、そして週間、日割り、個人予算。これだけ売らなきゃ、お店が成り立たない。個人としても評価されない。到達できなきゃ「なぜ売れなかった？」の原因追求。予算に届かなかった月の会議は、泣きそうなくらい体が硬直して、疲れ果ててしまいます。

人によっては、体を壊して仕事ができなくなってしまう販売員さんもいるくらいですから、やっぱり「予算」「売り上げ」というのは、私たちを常に追いかけてくる、魔物みたいなものなのかもしれません。

あらためて考えてみると

「今日、これだけ売らなければならない」

って、ものすごいプレッシャーではないでしょうか。

今日この額を売るためには、平均単価がいくらだから、何点売らなきゃならない……

何点売るためには、セット率が何パーセントだから、何客に売らなければならない……

何客に売るためには、何客に接客をしなければならなくて……

そのためには、何客に声をかけなければならないか……

こんなふうに考えてしまうと、体も頭も固まって、接客どころではなくなってきてしまいます。実際に接客についても、売らなきゃ売らなきゃと力んだり焦ったりしてしまって、それがお客様に伝わって警戒されてしまったり、無理売りのようなことをして、お客様を失ってしまったりと、ますます空回りして「売れないスパイラル」に陥ってしまいます。

それをわかっていながらも、「今日は最低何人に接客しなさいね！」と教えているお店もあります。そのようなお店では、かわいそうですが新人さんたちは萎縮してしまいがちです。実際に売り上げを取れているかというと、ますます萎縮してしまう要因になるくらい、伸び悩んでしまっていることが多いのです。

では、売れる販売員さんはどうかというと、けっこう気楽……なわけがありませんよね。同じだけの予算が与えられて、売らなければお店が立ちいかなくなるわけですから、そのプレッシャーは同じだけのしかかってきます。

ですが、売れている販売員さんは「今日売ならければ」という視点を持っていません。もっと引いた目線で「年間でこれだけ売ろう」という捉え方をしています。

すると、顧客様に対しても、ご来店くださったからといって「よっしゃー」と腕まくりするような売り込みはせず、たとえばこの春夏ではお買い上げが少なくても、秋服ではいろいろおすすめしてみよう、という**気長な視点でおつきあい**することができます。そのゆったりとしたつきあい方に、顧客様も安心してくださるので、おつきあいが長く続きます。

ふらっと立ち寄ったお客様に対しても同様で、今日お買い上げがなくても、「次回ご来店いただけるように」、「繰り返しご来店いただけ、その繰り返しの中で顧客様になっていただき、売り上げが生まれていくように」という長期的な視点で向かい合うことができるのです。

結局のところ、顧客様、リピーター客様がどのくらいいて、どのくらい応援していただけているかで、お店の売り上げの安定感は変わってきます。

29 売れる販売員は、「また来ていただけるかどうか」「来続けていただけるかどうか」を考える！

30

売れる販売員は売り方を考え、ダメ販売員は売れない原因を考える。

商品が納品されてきたときに、すでに売れ筋になっていて、売れることがある程度読める商品は、どんな販売員さんでもウェルカムですよね。

でも、新規入荷の商品で、はたして売れるのかどうか未知数であったり、前年の実績から考えて、難しいかもしれない商品が入荷したりしたときはどうでしょうか。

正直、「不安」ですよね。

しかし、そこで私たちが商品をどう捉えるかによって、商品は2つの道にわかれていきます。

1つは、その商品が売れて、ヒットアイテムになっていく道。
もう1つは、売れなくて、死に筋と化する道。

「あれ？ 商品って、その商品がどんな商品か、たとえば価格とかデザインとかという商品特性によって、売れるか売れないかが決まってくるんじゃないの？ 入荷前からどのくらい売れるか決まってるものなんじゃないの？」

と思った方もいるかもしれません。

ですが、その答えは
NO！
です。

ある商品が、2つのお店に入荷してきたとしましょう。

A店では、その商品は、昨年も売れておらず「うちのお客様にはウケないんだよな」と思い込んで、目立たないところに陳列します。

B店では、昨年は確かに売れなかったけれども、今年はどうかな？　いけるかもしれないし、一応、新規商品として目立つ場所に陳列してみようと、店頭のスペースを空けて陳列します。

さらにB店では、朝礼で、この商品のいいところを1人1つ探して、コメントしあいます。その商品の新たな使い方や、ほかの商品との組み合わせによって生まれる新しい楽しみ方などを発掘して、互いのアイデアを共有しておいて、接客に活かそうとします。

また、この朝礼でほかの商品との組み合わせをおすすめしたくなった販売員さんたちは、その**組み合わせる商品と一緒に陳列し、コーナー化**してみたりもします。

するとどうでしょう。

昨年とは打って変わって、商品が生まれ変わったような動きを見せ、売り上げをつくっていきます。

もうおわかりですね。

A店は「昨年ダメだったから」という売れない原因をみつけてフォーカスしていますが、B店では、**「どうやったら売れるか」を考えて、それを陳列と接客に反映させている**のです。

30 売れる販売員は、「売れる売り方」を研究し続けている！

31 売れる販売員は店の外でもお客様とおつきあいをし、ダメ販売員は勤務時間外には働かない。

店の外でおつきあいする、といっても、頻繁に食事に行ったり、お茶を飲んだりしないとだめですよ、という話ではありません。

もちろん、親しくなったお客様とは、食事などご一緒することで、さらに距離が縮まって、販売員とお客様という関係だけでなく、人と人として大切におつきあいする感覚が強まっていくこともあっていいと思います。

（あ、でも女性の販売員さんが男性のお客様に誘われて、押しが強くて困ったな、などという場合は「会社の規則で……残念です」などと、やんわりと丁寧にお断りするのが無難かもしれませんね）

ここでお話ししたいのは、食事やお茶のおつきあいのほかに、**お店の外での交流のしかたがありますね**、という話です。

たとえば、旅先から絵はがきをお送りするという方法があります。

何度かご来店いただいていて、お買い上げもあって、あなたのことや、あなたとの会話のことを記憶していらっしゃるお客様に対して、旅先からちょっとしたメッセージを添えた絵はがきをお送りします。

ちょっとしたメッセージ、というのは

「○○様　お変わりありませんか？ わたしはお休みをいただいて、今、○○に来ています。とても景色がよくて、ずっと深呼吸していたいくらい空気が澄んでいて、すごく気持ちがいいです。○○様にもこの空気をお届けできたらと思いまして、景色の絵はがきをお送りします。」

くらいのニュアンスでOK。

もしあなたがお客様の立場で、こんなはがきがポストに届いていたら、どう感じますか？旅先に行ってまで、はがきを書く時間を自分に費やしてくれたことに、とてもうれしくなりませんか。

はがきを送るには、個人情報を持ち出さなければなりませんから、おつきあいの長くなったお客様に限られるかもしれません。

お店からＤＭをお送りする際にも、このような日常の私的な話を盛り込んで、手書きでメッセージを添えてお送りするのも、もちろん効果的です。

また、接客の中で話題になった商品で、でも自店では扱っていなくて、おすすめできなかった商品を、休みの日などに他店で見つけて、その情報をお伝えするというのも喜ばれます。その場合は、

「○○のお店で、○○様がおっしゃっていたような商品を見つけました。お近くにいらっしゃることがあれば、ぜひ一度ご覧になってみてください。○○様がおっしゃっていた感

じに近いと思います！」

などというメッセージをお送りします。すると、自分のお店のものではない、売り上げにならない商品のことを、わざわざ自分のために探して教えてくれた、ととても感謝されたりもします。

旅先や、休みの日といった**私的な時間に、お店の外でお客様のための活動をする**ことで、あなたのことを大切に思っていますよ、という気持ちをお客様に伝えることができるのです。

売り上げに伸び悩んでいる販売員さんは、こういった活動をしていない、というか、こういう活動をしていいということを知らない人がほとんど。ダントツに売れている販売員さんたちは、こっそりこういう動きをしてお客様のハートをつかんでいるのです。

31 売れる販売員は、お店の外でも「遠隔」で接客している！

32 売れる販売員はお客様を育て、ダメ販売員はお客様を選ぶ。

買うお客様か、買わないお客様か、何か特別なセンサーで判別することができたら……
それで、買うお客様だけに対して接客ができたら……
楽でイイよなぁ……
ねえ、ドラえもーん！

なんてわけにはいかないのが現実。でもこんな、のび太くん的な発想に至った経験、あなたにもありませんか？

声をかければフラれ、また声をかけてもフラれ、そんなことを繰り返している最中に、ふっと横を見ると、同僚の販売員がお客様をレジに案内している。なんで自分ばかりハズレをひいてしまうのか、自分の運の悪さを呪いたくなってしまう……。

でも本当に、買うお客様と買わないお客様を判別できたとして、それって本当に効率がいい、ということになるでしょうか。

確かに、短期的にはいいときがあるかもしれません。しかしある意味では、とても怖いことかもしれません。なぜって、今日買うお客様を選んで接客することはできても、次回またご来店くださる、繰り返しご来店くださるお客様かどうかはわからないわけですから。つまり、お店が長生きすることを応援してくれるお客様との出会いを、まるまる見過ごすことになりかねないのです。

では、売れる販売員さんは、どうして接客に入ると、高確率で売り上げにつなげることができるのでしょうか。まるで精度の高い「買う買わないセンサー」を装備しているかのように、売り上げをつくっていけるのは、いったいなぜなのでしょうか。

そのキーワードは「育てる」です。

売れる販売員さんは、今日その場で売れるか売れないか、には意外なほど執着していません。なので、必死に商品説明をして売り込むようなトークもしません。ではお客様に何を話しているかというと、「お客様との未来」について話しているのです。

「お客様との未来」の話というのは、長くつきあっていただくための、お客様へのインタビューからはじまります。

＊うちのお店にご来店いただいたことはあるか？
＊ある場合はなぜご来店いただけたか？（お近くにご用があったか、買い物をするという日に、立ち寄ってくださったか？）
＊どんなものが好きか？（自店で扱っている商品に限らず、食べ物や色、乗り物、異性の好みなど、お客様が持っている心の傾向、性格はどんな感じか？）

などなどというような、お客様のことを知るためのトークを経て、

＊うちにはこんな販売員たちがいます。

＊こんなことを大切に考えて、品揃えをしています。
＊お客様とこんなおつきあいができたらいいなと思っています。

というような、自己紹介とともに、お客様とどういう関係になっていきたいか、という**お店とお客様の「未来の関係」についてを感じとれるようなトーク**をしていきます。

それらの話がちょっとでもできたら、初対面はOK。買っても買わなくてもOK。特徴的なお店として記憶に残ったらOK、なのです。

そうやって、次回また立ち寄ろうと思われるお店になること、そして、繰り返しご来店いただけるようになることをお話ししているのです。

ですから、売れる販売員さんに、お客様を選ぶという発想はないのです。

きれいごとに聞こえますか？ でも現実に、売れている販売員さんは、こうやってお客様を育てているのです。

32 売れる販売員は、繰り返しご来店いただけるお客様を育てている！

33 売れる販売員はライバル店の商品をも売り、ダメ販売員は自分の店の商品だけを売る。

そりゃあ、自分の店の商品を売りたいですよね。

そんなの、あたり前ですよね。

だって、ほかのお店の商品を売ったって、1円も売り上げになるわけじゃないし、それによって自分の評価が上がるわけじゃないし。


でも、売るんです。

売れる販売員さんは、売るんです。

どこのお店の商品でも、売るんです。


「ん～、もしかしたら、お客様の買い物について他店まで行って、その店の商品をすすめて、それが売れるとか？」

そうです！ そういうケースもありますね。

お客様とお話をしていて

「こんなのあったらいいなぁ」

というような話になったときに、

「あ、そういったものなら、○○さん（他店）にありますよ。よかったらご一緒に見にいってみませんか？」

などと、お客様をお誘いして、他店までご一緒したりすることもあります。

わたしも、紳士のスーツ売り場にいたときに、「自店にはそういう柄はないな〜」という柄のネクタイをお客様が欲しいとおっしゃったときがありました。

そんなときは、お決まりになっているスーツとシャツを持って、お客様とご一緒にネクタイ売り場まで出かけていって、ご一緒に選んでお買い上げいただいたりしていました。

そうすると、お客様にすごく喜ばれます。

「いいんですか？　こんなに離れた別の売り場まで来ちゃったりして……」

と言いながら、いい買い物ができたことに感謝してくださいます。


また、お客様以外にも、喜ぶ人がいます。

それは、ネクタイ売り場の販売員さんです。お客様をたびたびネクタイ売り場に連れてきてくれて、ネクタイを売ってくれるわたしに対して、

「いやぁ、いつもありがとうね」

と言って、休憩室でジュースをごちそうしてくれたりします。ときには、お客様にわたしの店の商品を紹介してくださって、それが売り上げにつながったりします。またときには、その販売員さんがスーツを買うときに、わたしのお店のスーツを選んで買ってくださったりするのです。


お客様もうれしい。

他店の販売員さんもうれしい。

そして、わたしもうれしい。

ほかのお店の売り上げを応援すると、自分の売り上げも応援してもらえる。こんな「善循環」のある売り場は、私たちが働いていて心地いいだけでなく、お客様にとっても1人の販売員に頼めば、あれこれ探さずに買い物がスムーズに進むわけですから、買いやすい、また利用したくなる売り場ということになるわけです。

売り場への入店客数が少ないから売れない、というのは、もはや言い訳にはなりません。売り場全体で、買いやすさを提供することと、そのための「善循環」をあなたから起こすことで、あなたの顧客様はもちろん、売り場の顧客様までをもつくることができるのです。

顧客様としてお名前ご住所などを伺わないような「顧客型」ではないタイプのお店でも、「そういったものは○○さん（他店）でお取り扱いがあります」とお客様への情報提供ができるだけで「この人（このお店）はちょっと違うな」と感じていただけるものです。

33 売れる販売員は、他店の品揃えに詳しくて、何でも売る！

34 売れる販売員は顧客との時間を大切にし、ダメ販売員は新規客に売ろうとする。

顧客様が来てくださると、うれしい！
でも、正直、困るときもある。
それは、顧客様が長時間お店に滞在されるとき。
うれしいけど……うれしいけど……

売れている販売員さんほど、ときどき、こういった「困った」に出くわします。でも、困ったといいながらも、なんだかうれしそうなのです。

顧客様が多いということは、その分、ある程度の売り上げが見込めます。ということは、売り上げが安定して取れていくということになります。だから、顧客様がついている販売員さんは、毎月コンスタントにある程度の売り上げを上げることができるのです。

しかし、顧客様が少ない販売員さんはどうかというと、ふらっと立ち寄ったお客様に対して、そのつど売れるか売れないか、ある意味、賭けのようなある一定の確率に翻弄され続けることになりますから、毎月の売り上げの中で見込めるパーセンテージというのは少なくなってしまいます。

だから、顧客様が多い販売員は、売れている
だから、顧客様が多い販売員は、売り上げが安定している
だから、顧客様が多い販売員は、長生きできる

のです。

ですから当然、顧客様を大切に、大切に扱います。もちろん、売り上げを応援してくださるからということもありますが、それ以上に、おつきあいが長くなるほど、家族的な、友人的な、よく知った親しい関係になっていくわけですから、自然と、顧客様を1人の人格として大切に扱うようになるのです。

顧客様の側も同じようで、私たちとつきあうほどに、私たちの私生活を心配してくださったり、人によってはお見合い話を持ってきてくださったり（！）と、もはや一販売員と一顧客ではないような、近所の住人同士のような感覚を持ってくださるのです。

そういった間柄ともなると、会えば話もはずみますし、自然と時間も長くなります。ときには、朝イチから昼過ぎまでいらっしゃったなんてケースも少なくありません。それだけ、顧客様にとっても居心地のいい場所になっているということなのです。

それだけ長い時間になると、確かに付帯業務は進みませんし、計画通りにお昼休憩も回りません。

でも、そんなのは、長期的な視点で考えたとき、まったく問題にならないのです。こういった顧客様を大切にしてこそ、お店も長生きしていけるのです。

また、併せて大切なのは、**新規のお客様をいかに顧客様として育てていくか、**というところです。別の項でもお話していますが、どうしたら繰り返しご来店いただけるかをテーマにした接客をすることが、多くの顧客様に支えていただけるお店になる近道といえます。

もし、あなたのお店が顧客リストがあるタイプのお店ではない、という場合でも同じです。繰り返しご利用くださっているお客様に対して、「ありがとうございます」のほかに、もう一言添えることが、顧客様を大切に扱っている、ということになるのです。それは些細な一言でいいんです。

「お気をつけて」

「いってらっしゃいませ」

そんな一言が、お客様の中で「自分はこの店の馴染み客だ」という意識を芽生えさせます。何も、長い時間一緒にいるから、顧客様だということではありません。お客様自身の、馴染み客であるという自覚こそが、顧客様であるかそうでないかの境目なのです。

34 売れる販売員は、時間を費やすこと、言葉を費やすことを惜しまない！

35

売れる販売員は休日にサービスを受けながら学び、ダメ販売員は休日は仕事のことを忘れる。

さて、あなたに質問です。

あなたは最近、あなた自身の成長のために、どのくらいの「エネルギー」を使いましたか？

ここでいう「エネルギー」というのは、ズバリ、「お金」と「時間」です。

この本を、仕事のためにと購入されて、今こうして読んでいるということは、まずこれに当てはまります。本を買うためにお金を使い、読むために時間を使っている。そしてあなたは、本書から何かヒントを見つけて、仕事に活かそうと、自分流に活用しようとされている。

これこそが「投資」です。

株や不動産など、投資にもいろいろありますが、どんな投資よりも、自分の成長に対して投資するのが、確実に利益を得られる、もっとも価値のある投資だと、わたしは思います。

本を読む以外にも、自分のためにできる投資はいろいろあります。

たとえば、いつも行かないようなレストランに行ってみるというのも質のいい投資になります。

まず、予約は電話でする。一流の店では、どんな電話の受け答えをするのかを、お客として体験してみる。

そして、お店に行く。そこではまずどんなあいさつがあって、それはどんな表情やしぐさなのか、どんな身のこなしであるのか、歩き方はどうなのか。

席についたら、お客である自分からどんな位置に待機していて、こちらがどんな表情をしたら気がついて、すっと寄ってくるのか。

そのときの表情は？
歩くスピードは？
発せられる声は？
内容は？
それらによってあなた自身はどう感じた？

そこで**「人」によって提供される満足、安心、快適**は、どんなことからつくり出されているのか。

そして、ここからが肝です。
ここで感じたことを、**自分のお店ではどうすることなのか、「変換」して考えてみる**のです。

異業種で受けたサービスの快適さを、自分の店、自分のサービス、接客に置き換えて、オリジナルを開発するのです。その「変換」こそが、最高の学びを得るために必要な「生みの苦しみ」であり、その変換の繰り返しがあってこそ、**あなたの日々の接客が生まれ変わり続け、成長し続けるための栄養になる**のです。

「お休みの日は寝ています」ではもったいない！
わくわくしながら、サービスを受けながら、頭の隅っこのほうだけ、ヒントを得ようと高速回転させておけばいいのです。あとはリラックスしてサービスを受けることを純粋に楽しめばいいのです。

レストランでなくても、老舗のエステサロンでも、ホテルのバーでも、あなたが一流だと思う、興味のあるところに「エネルギー」を使ってみる。すると、あなたが使ったエネルギーの分、あなたは成長し、またお客様に喜ばれ、大切に扱われることで、エネルギーを受け取ることになるのです。

35 売れる販売員は、それ相当の「エネルギー」を使っている！

36

売れる販売員はお客様から家族のように応援され、ダメ販売員はただの会計係として扱われる。

「わたしのお店は、顧客様をつくるとかそういうお店じゃないから……」

「うちは値段も安いし、そういう感じじゃないし……」

「うちはふらっと立ち寄るお客様が中心だから……」

という販売員さんがいたら、

「本当に？」

って、聞いてみたい。


本当に、顧客様はいらないの？

あたりさわりのない、同じ言葉を繰り返す接客は、楽しい？

接客してもしてなくても同じだなんて、思いたい？

どうせなら、自分を好きだと言ってくれる人に囲まれて、自分に会いに来る人を心待ちにしながら、お店にいたくない？

どうせなら「ありがとうございます」を繰り返すより、「ありがとう」って言われ続けたくない？

だけどやっぱり、なぜかいつもの流れ的な接客に押し戻されてしまう。

それはどうやら、**「わたしのお店はこういうお店だから」という思い込み**に閉じ込められて、作業的に接客をさせられてしまっているということのようです。

わたしはあるスーパーの、あるレジのスタッフさんのファンです。自分では、その人の顧客だと思っています。

そこへ買い物に行くと、必ずその人のレジに並びます。なぜなら、あいさつが笑顔で、ていねいで、赤ちゃん連れのわたしを覚えていて、かならず買ったものを袋に入れてくれて、帰り際には「お気をつけてお帰りください」とまた笑顔で送り出してくれるからです。

感じのいいあいさつ。
丁寧な応対。
お客の様子に合わせたサービス。
一言添えられた、送り出し。

そうです、どれひとつとっても、特に奇抜で目立つものはないのです。でも、一言ひとことや、一つひとつの動きに、彼女なりの**「お客様を大切に扱いたい」という心意気**みたいなものが、にじみ出ているのです。

だから彼女のレジは、ほかのレジよりもお待ちのお客様の列が長いのです。

先日は、おばあちゃんのお客様に
「試験はどうだったの？」
と、やさしくシワのよった笑顔で、声をかけられていました。どうやら、彼女は大学生で、このおばあちゃんとはいつも会話を交わしていて、テストがあったことを知らせてあって、来店のたびに会話が続いている様子でした。

スーパーのスタッフさんの例でお話しましたが、わたしのクライアントの販売員さんたちの中でも、トップクラスの販売員さんは、顧客様から、それこそ家族のように大切に扱われています。

たとえば旅先のおみやげをいただいたり、ステキなバッグのおさがりをいただいたり、会話の中で両親の健康について心配していただいたり、彼氏や彼女とうまくいっているのかと応援してくださったりと、そのあらわし方はお客様ごとにいろいろですが、お店の一販売員にそんなにしてくださるのかというくらい、大切に扱ってくださるのです。

あなたがお客様をどう扱うかによって、どう扱われるかが変わってきます。

36 売れる販売員は、お客様から大切な人として扱われる！

37

売れる販売員は自店の伸びしろに期待し、ダメ販売員は他店の売り上げを羨む。

店長会。

聞くだけで、思わず体がこわばる店長さんもいるかもしれません。

売り上げがいい店も、そうでない店も、全店の店長、営業、ＭＤ、部長クラスまで勢揃いする、定期会議。

会社によっては、端の席から「なぜ売れなかったか？」の原因追求。ときには怒号も飛び交う、緊張感ではちきれそうな数時間。手元には、お店別の売り上げランキング表。自店の順位を確認して、胸をなでおろす人、思わず顔が下を向いてしまう人。

でも、どの店長さんだって、一生懸命なんです。手を抜いて、きちんとやっているように見せようなんて、たとえ思ったとしたって、売り上げを見れば、明らかだし。日々、売らなきゃ、売らなきゃって、心に汗をかいて、なんとか一日一日、積み上げていっているんです。

「こんなにがんばっているのに、なぜ……」

と、思わずランキング上位の店を羨んで

「あの店は立地がいいから……」

と、自分に言い訳してしまう店長さんも。

でも、よくよく考えてみると、立地がいいわけでもなく、集客のある建物に入っているわけでもないお店が、何店舗も上位に入っていることも多くあります。

誰に頼れるでもない、限られた条件の中で、それでも売り上げを伸ばしているお店の特徴、それはテクニック的なことでもなければ、他店から売れ筋を引っぱってきて売ろうとするようなズルさでもなくて……

「予算以上に売ろうとしている」という意気込みなのです。

会社から与えられている予算というのは、昨年の売り上げや、今年当て込んでいるフェアなどのプラス要素を反映させた、あくまで**「数字からつくった数字」**です。

それはあくまで「これだけ売らないと商売にならないし、あんまり下回るとお店を続けられないかもしれないよ」という目安であって**「自分たちのあらゆる能力を注ぎこんでたたき出す数字は、自分たちで決める！」**というのが、売れているお店の店長さんたちに共通した考え方なのです。

予算を与えられると、その予算を頂上に据えて、どうやって頂上まで上ろうかという志向からスタートしがちですが、売れているお店の店長さんは、**自分の山の高さを自分で決めている**のです。

だからお店の販売員さんたちとの月初のミーティングは、予算の額からではなく、「今月はどんな接客をしようか」というテーマからはじまります。

数字が出てくるのは、自分たちはランキングで何位に入ったらうれしいか、という話になってから。

そして会社の予算は○○万円だけれども、私たちとしてはいくら売りたいか、という目標の立て方で、気を引き締めてその月をはじめているのです。

37 売れる販売員は、「人と比べない」「自分の限界を決めない」！

38

売れる販売員はネガティブ、ダメ販売員はポジティブ。

多くの販売員さんは、会社員です。

会社員ですから、毎月決まった額のお給料が振り込まれます。

わたしは10年以上前に独立したのですが、独立当初は仕事も一切なく、無収入の状態が続きました。その頃は、毎月決まった額が口座に入るというのは、あらためて考えるとすごいことだなと痛感したものでした。

だって、来月はいくら売るか、どんな働きをするかなんて、来月が終わってみないとわからないのに、前もってお給料の金額が約束されていて、それを決まった日に振り込みますよ、と約束してくれているなんて、そんな手厚い関係はないと思いませんか？

あなたが経営者で、毎月何人もの人にお給料を振り込むことを考えてみてください。来月は売れないかもしれないのに、販売員さんにはお給料を払わなければならない額が決まっているんです。赤字が続いたらどうなるでしょうか。お店を続ける限りは、借金をつくってでも給料を保証しなければなりません。

売れなかったらどうしよう……。
給料も払えない……。
お店の家賃も払えない……。
修理しなければならない什器も修理できない……。
先に発注してある商品の代金も払えない……。
取引先からの信頼を失えば、二度と商売ができなくなるかも……。

本当に売り上げが下降していったら、こんなふうに、これより下向きにはなれないくらいネガティブなスパイラルに巻き込まれて、底の底まで落ちてしまいそうになるかもしれません。

考えるだけでも怖いですが、これこそが、売れる販売員さんが持っているネガティブさ、そのものなのです。

売れているのに、なぜネガティブでいる必要があるの？　と思う方もいるかもしれません。確かに、売れている販売員さんなわけだし、評価もされているでしょうから、なにもネガティブでいる必要はないのですが、ですが、**まるで経営者のように**ネガティブな思考をいつも頭のどこかに持っているのです。

そうなんです、売れている販売員さんの視点は、経営者そのものなんです。

自分が払っているわけではないけれども、自店の人件費や、家賃などについて、どのくらい売らないとまかなえないか、だからどのくらい売らなければ商売を続けられないか、どのくらい売って初めて利益が出るか、その利益がどのくらいあれば、店としてどのくらい存続できると考えられるか、という視点を持って、**常に経営者視点で仕事をしているの**です。

毎月お給料は、もらえるんだからとポジティブに、楽観的にいることもできなくはないのに、あえてネガティブさを意識しながら日々店に立っているのです。

もしかしたら、販売員さんにこういった視点を持たせていないのは（持たせないようにしているのは）、会社側なのかもしれません。

ただ売れ売れとお尻をたたくのではなく、店が存続するために必要な数字的な条件を具体的に理解させることで、ここで言う「ネガティブ」な思考へと導くことができる販売員さんを育てることになるのです。

または、販売員さんの側から自店の家賃や人件費などを知り、経営者視点を持つ働きかけをすることも必要かもしれません。

38 売れる販売員は、社長思考！

39

売れる販売員はナルシスト、ダメ販売員はエゴイスト。

売れる販売員さんには、ある共通した特徴があります。
それは、自分を鏡で見るのが大好き！　というところです。

え？
それってすごくナルシストな感じじゃない？
お客様商売なんだから、自分よりもお客様のこと考えてないとダメでしょ？

そうですよね。大切なのはお客様です。お店にいるのに自分のことばっかり考えたり、ケアしたりしてるんじゃ、仕事になりませんよね。

でもやっぱり、売れる販売員さんは、**自分を見るんです。いっぱい見るんです。**

なぜかというと、自分はお客様にどう見られているかを、非常に気にしているからなのです。

前からも見ます。
後ろからも見ます。
横からも見ます。
ものすごく遠くからも、ものすごく近くからも、鏡を見て、チェックするのです。

なぜそんなにいろんな角度や距離感からチェックするかというと、自分は360度から見られていることをよく知っているからです。

まだ入店される前の、向かい側のお店にいるお客様からも見られることはありますし、自分がまだ気がついていない、斜め後ろにいるお客様から見られていることもありますから、前面だけどんなに気をつけてつくっても、ダメなんです。横顔にも、後ろのヘアスタイルにも、どこから見られてもしゃんとして見えるように姿勢にも気を配らなくてはなりませんから、**気を抜けるところは一切ない**のです。

だから、どうしてそんなにってくらい、鏡でチェックします。

でも、自分が鏡を見ているところをお客様に見られてはＮＧですから、バックヤードに鏡を置いたり、お客様から見えにくいところの鏡を使ったりして、タイミングを見計らって、サッとチェックしているのです。

一方、売り上げに悩んでいる販売員さんはというと、一生懸命、手鏡を持って、正面から見た顔をチェックしがちです。

正面から見ることとは、笑顔のトレーニングをするなど、もちろん大切なことですし、必要でもありますが、正面だけどんなに完璧につくっても、お客様はぐるり３６０度、私たちを見ていますから、自分から見える正面だけでは単なるエゴイスト。自分から見た自分を点検しているに過ぎません。

だから、どうぞあなたも誰にも遠慮せずに、どんどん鏡を見てくださいね。職業病と言われてもイイ！ 何て言われても、どう思われても、鏡を見るのは仕事なの！

そして、どんどん自分のかっこよさ、美しさに出会って、それを認めて、一番いいコンディションでお客様をお迎えするのです。

39

売れる販売員は、お客様の視点を大切にしているからこそ、ナルシスト！

第5章

チームワーク編

40

売れる販売員はほかの販売員にも接客し、ダメ販売員はお客様にだけ接客する。

売れているお店の中でも、長期にわたって安定して売れているお店には、ある特徴があります。それは、販売員同士のコミュニケーションがうまくいっている、という特徴です。

（たとえ、うまくいかない場面があっても、店長やサブがうまく立ち回って、関係をほぐし、さらに結束が強まるような動きができています）

それに比べて、伸び悩んでいるお店や、いつもあと一歩で予算におよばないお店はどうかというと、店長と特定の販売員、もしくは販売員同士の間で、

「もう、一言足りないだけなのにね」

というような、ちょっとしたコミュニケーション不足や

「あの人はいつもこうだから……」

というような、過去のあることが原因で、それが思い込みにつながって、互いに壁をつくってしまい、ぎくしゃくした関係が続いてしまっているようなケースが、悲しいことですが、比較的多く見受けられます。

でも、あれ？ って思いませんか？

前の章でもお話しましたが、

私たちの仕事は「人を大切に扱う」仕事であり
私たちは「人を大切に扱う」プロフェッショナルです。

「人」を大切に扱うプロですから、「人」が誰であっても、その人を大切に扱うことに優れているのが、私たちプロの販売員です。

であれば、それが同じ店で働く販売員であっても、その人を大切に扱うことは難しくはないはず。一言足りない、ということも起こらないはずなのです。

なのに、なぜか、お客様以外の人を扱うときは、どうもそのプロの技を発揮できなくて、苦しい思いをしてしまう。

ある日、新入社員の販売員さんから、こんな相談を受けました。

「先輩に言われるんです。もっと自分からコミュニケーションを取らないとダメだって。でも緊張してしまって、なんて話しかけていいかわからないし、みなさん忙しそうだし、そうやってもじもじしてしまっていると、また、元気がないとか、自主性がないとか言われてしまうんです……」

辛いですよね。新人さんですから、何がわからないかもわからないような時期であれば、緊張も半端じゃないでしょうし。そこでわたしは、

「先輩にも、お客様にしているように『接客』したらいいんじゃないかな？」

とアドバイスしました。

すると、その新人さんは、何かつかえていたものが落ちたように、先輩に声をかけられるようになったのです。だって、いつも何人ものお客様に声をかけて、天気の話やお客様の持ち物について話をしたりしているわけですから、その相手をお客様から先輩に変えるだけのこと。それほど難しいことではなかったんだと、気がつけたようなのです。

自店の販売員でも、競合他店の販売員さんでも、お客様でも、家族でも、友達でも、誰だからと身構えることなく、あなたがあなたのままで、目の前の人を大切に扱っていけばいいのです。

40 売れる販売員は、相手が誰だからどう扱う、という区別はない！

41 売れる販売員はフォーメーション、ダメ販売員はソロ活動。

売れている販売員さんには、実は「クロコ」がついています。その販売員さんの影で、見えないように、売るための手助けをしている人がいるのです。

それは誰かというと、同じお店の販売員さんです。しかも、その販売員さんも、これまた売れているのです。

でも、同じお店で働いていて、そのお店の売り上げを牽引している人同士ともなれば、どっちが売るかを争っている姿こそイメージしやすいように思われますが、実のところはというと、そうじゃないんです。

売れている販売員さん同士というのは、まるで、

餅つきのつき手と合いの手のように、
ピッチャーとキャッチャーのように、
長年連れ添った夫婦のように、
ぴったりと息が合った動きを見せるパートナー同士なのです。

どんな動きをするかというと、たとえば、1人の販売員さんがお客様に声をかけたとします。すると、もう1人の販売員さんは、そのお客様に一番近い出口のほうに動き、自然な形で、出て行きにくくなるように出口をふさいだりするのです。

その動きは、**お客様には一切の違和感を与えることのない、ごくごく自然なフォーメーションとして成立しています。**

するとお客様は、その出口を避けるように店内を回遊するほうへと動き、滞在時間が延び、また声をかけやすくなるというわけなのです。

そんなふうにして、2人でという場合もありますが、お店によっては3人、もっとという場合は、そのとき店内にいる販売員全員がお互いを意識しあって、自分の立ち位置や動きを調節しています。そうやって、互いに助け合うことで、お客様とのコミュニケーションの機会を増やそうとしているのです。

それに比べて、こういったフォーメーションを組んだ接客方法があることを知らずに、1人でがんばっている販売員さんは、ちょっと不利かもしれません。

せっかく一緒に仕事をする仲間がいるのですから、ぜひ、お店オリジナルのフォーメーションを研究して、**互いに助け合う楽しさ、おもしろさを味わいながら、互いに感謝し合いながら、喜び合いながら仕事をしたい**ものです。

もし、あなたが1人でお店に立っているという場合でも、大丈夫です。什器の配置のしかたや、観葉植物の配置のしかたしだいで、2人目3人目の頼れる販売員さんの代わりを増やすことができます。常に自分の動きに対して、お客様がどう動いたかを観察し、それに応じて配置を繰り返し変更し、研究することで、もっともお客様とコミュニケーションを取りやすい什器配置を発見することができるのです。

お客様がお店の中を動き回るような大きさの店でなくても、この「フォーメーション」は可能です。

お客様から注文を聞いている販売員さんのヨコで、別の販売員さんがもうお包みをはじめているというだけでも、お客様の会話が聞こえたり、別の販売員さんがその会話の内容に反応してちょっと笑ったり、笑顔でうなづいたりするだけでも、お客様には店全体から大切に扱われているという感じが伝わります。

41 売れる販売員は、フォーメーションで仲間と一緒に接客する！

42 売れる販売員はほかの販売員に売らせようとし、ダメ販売員は個人予算に執着する。

個人予算は、正直、キツい。

月末に近づくほど、お腹が痛くなってくる気がする。

だって、自分がどのくらい売ったか（売れなかったか）、どのくらいお店に貢献できたか（できなかったか）が、数字でハッキリ見えてしまうんだから……。

だから、どうしても、なんとか自分の個人予算を達成しようと、達成しなくちゃと力が入ってしまう。


きっと、あなたもこんな思いをしたことがあるのではないでしょうか。販売員さんで、スランプを経験したことがある人は、きっとこういう苦しい感覚を味わったことがあるはずです。

しかし、そのスランプをなんとか切りぬけ、売り上げが上がっていき、コンスタントに売れる時期がくると、みなさん思考が変わってくるようです。

「自分はもうすぐ予算に届きそうだから、あとはほかの販売員さんにがんばってもらおう」

そんなふうにして、伸び悩んでいる販売員さんに接客のチャンスを与え、その人が成長するチャンスを増やしてあげることができるようになるのです。

すると、お店全体の販売力がじわじわと上がっていきます。トップの販売員さんも、新米の販売員さんも、**他店と比べるとレベルが高く、またリラックスして仕事ができるようになる**のです。

売れるからといって、売れるだけ自分で売って、自分ばかりが成長しても楽しくない！
お店全員で成長して、全員で達成感を味わうほうがより豊かだよね！

というのが売れている販売員さんの思考なのです。

また、新米の販売員さんも成長してくると、今度は先輩にお返しできるようになります。一緒に接客したお客様の売り上げを先輩につけておいたり、先輩が休みの日に、先輩の顧客様がご来店されたときに、がんばって接客したりして、お返しができるようになるのです。

そうやって、持ちつ持たれつ、互いに分け合いながら、一緒に成長していけるのが、本当に売れているお店、売れ続けているお店の特徴です。

悲しいことですが、そこそこの売り上げ、もしくは伸び悩んでいるお店の中には、会社からの圧力が強くて、どうしても個人予算に執着し過ぎてしまうお店があります。

さっきご来店されたときはAさんが接客をして、一度お店を出られて、再度来店されたときにはBさんが接客をした、という場合などは、本来はAさんの売り上げにしてあげるべきなのですが、Bさんが知らぬ顔で自分の売り上げにしてしまうなどというケースがあります。

気がついたAさんも気持ちがよくありませんし、それを見ているほかの販売員さんへの影響を考えると、悪循環の元になりかねません。

やっぱり、売らせ合う「善循環」が心地いいですし、お店の雰囲気にも差が出るものです。

42

売れる販売員は、お客様だけでなく、ほかの販売員も大切にする！

43 売れる販売員はほかの販売員に顧客を紹介し、ダメ販売員は顧客を抱え込む。

自分を指名するようにして、繰り返しご来店してくださる顧客様って、本当にありがたい存在ですよね。売り上げを応援してくださるという以上に、自分に会うことを目的の1つにしてお越しくださるわけですから、そんなうれしいことはありませんよね。

せっかく自分についてくださっているのだから、ご来店くださったら、やっぱりほかの販売員じゃなくて、自分ががっちりお相手したいもの。

そう思うと、つい、顧客リストを自分ひとりで抱え込んでしまって、ほかの販売員は、お顔くらいは覚えていても、顧客様の名前はわからない、というような現象が起こりがちではないでしょうか。

すると、その顧客様を担当している販売員さんが不在の場合、
「あれ、たぶん、佐藤さんの顧客様だなぁ。でも、よくわからないしな……」
と、せっかくご来店くださった顧客様に対して、それらしい対応をせずに、ただ新規のお客様と同じようにお見送りするだけになってしまったりします。

顧客様の側とすれば
「佐藤さんがいないときに来ちゃうと、こんな感じなのね……」
と思われて、フラッとお寄りくださる確立が減ってしまうかもしれません。

なので、売れている販売員さんは、自分の顧客様をほかの販売員に積極的に紹介しておきます。そして、顧客様にも、ほかの販売員の顔を覚えていただきます。ときには、ほかの販売員と一緒に接客したりもします。

たとえば、顧客様と会話しながら、手が空いている販売員を確認しておいて、その販売員が詳しい話題に話を持っていって、

「そのことなら、鈴木が詳しいですよ」

と販売員を呼んで、話に加わらせたりします。

「〇〇様、ちょっとご紹介しますね」

などと言って、わざわざ自己紹介させたりすると、「わざわざ感」が出てしまって、人によっては、

「あら、佐藤さんは異動か退職されるのかな？」

と、いらぬ心配までさせてしまうかもしれませんから、**あくまでごく自然に、話題によって加わらせるようにして**、ご来店のたびにほかの販売員を紹介しておくのです。

すると、自分が不在のときでも、顔がわかっている、話をしたことのあるほかの販売員がお相手をするので、顧客様も、いつも丁寧に扱ってくれる店として、安心して足を運んでくださいますし、**自然と来店の頻度も上がってくる**のです。

こんなふうにして、互いの顧客を共有しておくことで、誰が来ても、いつ来ても、快適

に過ごせる、快適に買い物ができるお店として、他店よりも多く利用していただけるお店になることができるのです。

バーでもクラブでも、マスターやママだけがお客様を持っているのでは、お店は長続きしないのと同じです。

いつ行っても、知った顔がいくつかあって、前回からの続きの話題がある。だから居心地のいいなじみの店として、繰り返し使っていただけるのです。

一応の担当者がいることと同じく、全員でお相手できるのが、売れるお店にある共通点です。

43 売れる販売員は、いつお客様が来ても居心地が良いようにチームで接客する!

第6章

行動 編

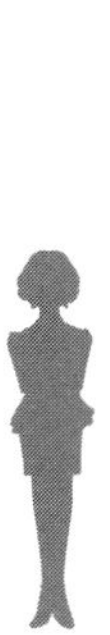

44

売れる販売員はトイレ掃除が好き、ダメ販売員は掃除が嫌い。

売れているお店の特徴、それは……

バックヤードが片付いている

レジ周りが片付いている

そして……

トイレがきれい！ なのです。

トイレというと、通常はお客様にお貸ししたりしない、お見せしたりしない場所です。

そこを、なぜそこまで、というくらい、まるでショールームかというくらいに、床も天井も便器もぴかぴかに掃除がされていて、常に換気もされていて、ちょっとしたお花まで生けてあったりするのです。

要するに、売れているお店の販売員さんは、見えていようと見えていまいと、**あらゆることをベストな状態に整えてから仕事にのぞんでいる**、ということなのです。

それは前の晩から、明日履いていく靴を磨いておくことであったり、翌朝のヘアスタイルが整うようにケアしてから寝ることであったりという下準備と同じことで、それと同じ精神がトイレにまで行き届いているということなのです。

一方、お客様が入っていないお店はというと、販売員さんも、数字が良くないせいか、心なし元気がない様子。

バックヤードを見ても「あとでやろう」ということなのでしょうけれども、足に引っかかってしまいそうな場所にゴミ袋が置いたままになっていたり……。レジ周りには、いつ貼ったメモ書きかな、というようなくたびれた付箋が貼ったままになっていたり……。

そして、トイレはどうかというと、残念ながら、案の定、です。なんとなくホコリっぽくって、蓄積された汚れが、当然のような顔をしてこびりついていたり、そんなに何枚もいらないでしょうという枚数の雑巾が、目につきやすいところにずらっと干されていたり、どこに目をやっても、清潔感を感じるところが見つからないのです。

これはあくまで、2000店舗のお手伝いをしてきたわたしが、実際に見てきたお店がどうだったかという統計ですが、例外というのがほとんどありません。

そこでわたしがスペシャルだと感じる、クライアントのお店で聞いてみました。

私「どうしてこんなに、トイレまで綺麗にされているんですか？」

販売員「やらないと気持ちが悪いんです。入ったときに、ふわっときれいな空気感というか、そういうのがないと、狭い空間だし、使うたびになんだか疲れちゃうっていうか、リラックスできないじゃないですか」

私「じゃあ、当番制か何かにしてやっているんですか？」

販売員「いいえ、気がついた人がやってます。きれいだから、きれいに保ちたいっていうか、当番じゃないからやらないとか、そういうことじゃない、というか。使うたびに、気がついたところをやっちゃうっていう感じで」

やっぱり「なんか違うな」というお店はこうなんですね。

誰かれとなく、全員が自発的に、ほかの人のために動く。それが自分の気持ち良さにもつながっていたりする。そういう善循環が、お店の空気を回していって、店内の心地良さをつくっているんですね。

44 売れる販売員は、誰かのためにちょっと動く、さっと動く！

45 売れる販売員は始業の30分前に出勤し、ダメ販売員は時間通りに出勤する。

時間通りに出勤するのが「ダメ販売員」というのは、ちょっと言い過ぎかもしれませんね。遅刻しないで、きっちり来るわけですから、「ダメ」とまでは言えませんよね。「普通」ですよね。

でも、ズバ抜けて売れる販売員さんは「普通」じゃないんです。なんと、シフトで決められた時間の30分前には、もう、何でもない顔をしてお店にいて、何かしているのです。

何をしているかというと、

＊すべての販売員に声をかけて、なんでもない話をする。

＊店じゅうの床を掃除する。

＊ 昨日ご来店くださったお客様に、メールやサンキューレターを書く。
＊ 競合他店に行って、世間話やムダ話から情報収集をする。

などなど、人によってその時間の使い方はさまざまですが、目的は何かというと、いわゆる

「アップ」

なのです。

それはスポーツ選手が、競技場に入って、そのグラウンドの芝の感覚を確かめたり、気温の感じ方を確かめたり、太陽の向きを見て自分のプレーに影響するかどうかを見てみたり、それからストレッチをしたりという一連の準備作業にも似ています。

アップをしながら、昨日売れた内容を振り返ったり、今日の天気や曜日から、売れる時間帯や売れ筋を予測したり、どんなお客様が来るかを妄想したりして、これからの１日の理想的なストーリーを描くのです。

そのストーリーの内容に応じて、店内の陳列を変更したり、今日納品される商品の売り方を検討したりという、シフトで決められた勤務時間内に行う具体的な仕事に入っていきます。

この「アップ」を勤務時間内に行わないのが、いいんです。

というのも、「アップ」では、誰かと他愛のない話をしたり、掃除などの単純作業をしたりしながら、頭の中をボ――――っとした状態。それは言ってみれば瞑想しているような、雑念が入らないというか、勘が働きやすい状態に、コンディションを整えていくわけです。

そうでないと、他店からの電話や、こまごまとした付帯業務などの「やらねばならない」業務が押し寄せてきますから、**手元や目先のことで雑念だらけの状態**になってしまいます。

そうなる前に、

今日はこんな接客をしよう。

今日はこれをすすめてみよう。

今日はここまでやってみよう。

といった、**遠くを見る目線で、今日の目的地を見据えて、ボーっとする時間**を持つようにしているのです。

しかし、勤務時間内にボーっとしているわけにはいきませんから、早めに出勤して、自由に動ける時間をつくっておいて、仕事のための準備運動をしておくというわけなのです。

45 売れる販売員は、アップで1日のストーリーを描いている!

46

売れる販売員はニヤニヤして眠る、ダメ販売員はがっかりして眠る。

「今日もやってしまった……」
「今日も売れなかった……」

と、落ち込んでお店をあとにする日。あなたにもありませんか。

帰り道はため息の連続、家に着いてもイマイチ食事もおいしくなくて、とりあえずお風呂に入って、またため息をつきながら、ふとんに入って、目を閉じて……

ちょっと待った!!
そのまま寝ちゃ、ダメですよ。

なぜって？

では、ちょっとここで、脳のお話をしましょう。

人の脳というのは、すごく処理能力が高くて、ものすごく優秀な臓器です。同じ機能を持ったものを、人工的につくると何百トンという重さになるといいます。私たちは、それをたった千数百グラムという軽さで、いつもこの頭の中に、ポータブルに持ち歩いています。

たとえば、なんとなくマンションを買おうかな、と思いはじめたら、マンションの建設地や広告が次々と目に飛び込んでくるようになったり、混雑した駅前で、待ち合わせしている知人を見つけようとすると、すごく遠くにいて、横顔しか見えていないような状態でも、瞬時にその人を見つけることができたりもします。

こんなふうに、あるインプットに対して、そのものに関連するモノやコトを瞬時にピックアップできたり、無意識の中でもピックアップし続けたりできるわけですから、脳ってほんとにすごい臓器ですよね。

また、たとえば、

「最近、なんだかいいことが続くなぁ、調子いいかも～」

なんていうことも、それとは逆に
「いやあ、最近ツイてないな、携帯壊れるし、財布なくすし……」

ということも、実は、脳がどの部分をどうピックアップしているかによって、私たちがどう感じるかが変わってくるというのです。


近頃なんだか調子がいい！と、たとえ携帯が壊れても、

「買い替え時期だったかもね～、ちょうど欲しいのあったし」

と思えたり、財布を落としても、

「たいしてお金も入ってなかったし、ちょうどカードも入れてなかったし、よかったよかった」

となるわけです。

起こっている現実は同じでも、それを脳がどんな情報としてピックアップするかによって、私たちの人生は、大きく変わってしまうかもしれないくらい、そのくらい、脳という臓器はインパクトがあるのです。

だから、売れている販売員さんは、どんなことがあった日でも、ニヤニヤしながら寝ます。

「明日、いいかも♪」

と、目が覚めてから起こる現実を、いいものとしてピックアップできるように準備して眠るのです。

たとえ、お店が売れていない、人も入ってこないという日があったとしても、それを「今だ、あれをやっちゃおう！」と、「やっと時間ができてよかった！」という捉え方で過ごすことができるのです。

すると、そのあとの展開が天と地ほど変わってくるのです。

46 売れる販売員は、売れる現実を引き寄せる脳トレをして寝る！

47 売れる販売員は電車で人間観察、ダメ販売員は携帯かマンガ。

通勤時間、あなたは何をして過ごしていますか?

たとえばあなたが通勤に片道1時間をかけていたとして、1日2時間、週に10時間、月に40時間、年にすると480時間も通勤していることになります。

あらためて考えてみると、400時間以上も電車やバスに乗っているって、すごいですよね。

その時間をどう使っているか、それによって仕事にも、もしかしたら人生にも大きな差が出てくるかもしれません。

そこで、売れる販売員さんはというと、通勤時間には**人間観察**をしています。人を見て

何を考えているかというと、

＊この人は独身か、既婚か。
＊子どもはいるか、いないか、どんな家族構成か。
＊休日は何をしているか。
＊趣味は何か。
＊どんな家に住んでいるか。
＊自分が扱っている商品に興味はありそうか。
＊興味を持つとすれば、どんな商品を、どう使うことに興味がありそうか。
＊この人が来店したら、どんな接客をしようか。
＊接客の中ではどんな話をしようか。

……などというように、自分のお店に来店するお客様を想定して、トレーニングしているのです。

電車やバスに乗っている間はもちろんのこと、乗り物に乗る前に並んでいるときも、降りてから職場まで行く間にも、頭の一部でこのようなトレーニングをしています。慣れてくると、意識しなくても、**人を見るだけでこういう思考回路が無意識に働くように**なります。

人間観察をしながら自分なりの分析をして、蓄積した情報と、実際のお客様に対して日々行っている接客で得られた情報とを合わせることによって、お客様が欲する商品や、欲するトーク、欲する対応の予測がつきやすくなります。

そして、その予測の精度があがり、お客様の心にヒットする接客ができるようになっていくのです。

また、一人ひとりを観察することのほかに、

「〇〇のバックを持ってる人を何人見た」

「〇〇色が目につくなぁ」

などというように、全体的な流行を感じ取ることもできます。

年間に４００時間以上、ずっと携帯でゲームをしたり、マンガを読んでいたりしたのと、こうやってお客様観察のトレーニングをしているのとでは、どういう違いが出てくるかは、言うまでもありませんね。

でも、ゲームをするのが悪い、マンガが良くない、ということでは決してありません。ときには息抜きも必要ですしね。

ただ、通勤時間を何に使おうか、４００時間何をしようか、ということを考えるか考えないか、それだけでも、あなたの明日に違いが出てくる、ということです。

47 売れる販売員は、通勤時間に「人を見る目」と「接客の腕」を養っている！

48 売れる販売員はお金がない、ダメ販売員は貯金が好き。

自慢にも何にもなりませんが、わたしは本当に貯金ができなくて、困った販売員でした。

だって、食べてみたいものも、着てみたい服も、行ってみたいところも、乗ってみたい車も、興味があるものは限りがありません。お給料が入る前に使い道はすべて決まってしまっていて、貯金どころか借金のほうが多かったというのが、恥ずかしながら正直なところです。

でも、わたしだけでなく、売れている販売員さんは、お金の使い方のきっぷがいいというか、先輩方であれば、よく食事に連れて行ってくれたり、遊びに連れて行ってくれたり、知らないお酒の味を教えてくれたりと、いろいろな知らない世界を教えてくれました。

その先輩方はというと、みんなおもしろい人ばかりで、話題は豊富だし、冗談はうまいし、先輩同士のかけ合いなんて本物の夫婦漫才みたいだったりして、一緒にいるだけで、本当に楽しくて、笑いが絶えないのです。

また、接客業について語り合うときは、女性も男性も非常に真摯で、実直で、人とのつきあい方や接し方、考え方などを、静かに、熱く語って、教えてくれました。

わたしがお客様だったら、ほかのお店ではなくて、この人のところでと思ってしまうのは、やっぱりそうなんだな、と納得させられたものです。

そんな先輩方と一緒に過ごす中で、わたしは本当に視野が広がったと思います。知らなかったものに触れ、知らなかった感覚を味わい、それによってお客様との会話の中でも、

「お、君はよく知ってるね」

「おもしろいことを言うね～」

「そんなこと言われたことないですよ（笑）」

などと、喜んでいただけることが増えていったように思います。

そしてまた私自身も、**さらに自分の興味のあるモノやコトに対して、有意義にお金を使**

うようになっていきました。

私が20代で使ったお金で、一番高額だったのは、車でした。イタリア車で、古い車だったので、とにかくよく壊れます。

走っていて後ろを見ようと思ったら、バックミラーが下に転がっていたり（それを片手で持ちながら運転したり）、オープンカーで雨漏りするので、腕にバスタオルを巻きながら運転したり、最終的にはアクセルを踏んでも前に進まず、バックだけはできるという状態になったりして、とにかく手がかかる、お金もかかる車でした。

ですが、泣きたいときは夜に首都高をぐるぐる回りながら大声で泣いたり、静かに音楽をかけながら考えごとをしたり、何も考えたくなくてボーっとしたりするために、20代の成長期を過ごしていたわたしにとっては欠かせない空間でした。

また、その車があったことで出会えた人や、味わえた感覚や噛み締めた感情というのは、今でもわたしを支える、自信の1つになっていると思います。

とはいえ、20代半ばくらいの女の子には不釣合いな買い物だという人もいるかもしれません。

ですが、今、余裕があってそれを持つのと、その頃苦労してそれを持ったのとでは、まったく私の人生においての価値が違っていたと思うのです。

そのときに味わってこそ価値があるもの、そのときにムリしてでも出かけていったからこそ出会える人やモノやコト、そのためにお金というエネルギーを使うのか、使わずに溜め込んでしまうのかでは、そのあとの人生に大きな開きがあるのではないか、そう考えています。

自分の肥やしになるお金の使い方をするのが、売れる販売員さんなのです。

48 売れる販売員は、お金を出すことで自分を育てている!

49 売れる販売員は本が好き、ダメ販売員は雑誌が好き。

雑誌が悪い、というのではないんです。

ただ、言ってみれば、雑誌は「ひと夏の恋」で、本は「真剣な交際」と言えるかもしれません。

雑誌は、毎月や毎週で定期的に発刊されますよね。ですから、その週やその月ごとに、常に新しい内容で埋めつくされています。そのためファッション誌などであれば、もう去年のものは読む必要がないような、古いものとして扱われてしまいます。

そのときそのときの、旬の情報をつかむためには、やはり雑誌が有効です。

でも、それだけでは……というのが売れる販売員の言い分なのです。

なぜなら、**売れる販売員さんは、常にお客様の心理や接客術について、本から学びを得**

ているからなのです。

売れる販売員さんの本棚を見ると、それは多彩です。

心理学の本
経営コンサルの本
教育関連の本
チームビルディングの本
伝わる話し方の本

などなど、自分の仕事に役立ちそうだと思われるさまざまな本を、書店のさまざまなコーナーで、直感的に選びとって、ものすごいスピードで、どんどん読んでいるのです。

空気を吸うように読み、吐くように仕事に活かす

という言い方がぴったりくるような学び方をしています。

「ひと夏の恋」も「真剣な交際」も、どちらも貴重な経験にはなります。ですが、そのときの気分や勢いで終わる短期的なものよりも、一生の支えになるような、ずしっと重みのある経験のほうが、そのあとの人生を過ごすうえで、長期にわたって栄養として染み渡っていくのではないでしょうか。

あなたの本棚に、どんな本が並んでいるかで、あなたの頭の中にあること、あなたの心の中に染み渡った栄養分がみえてきます。

ちなみに、わたしのおすすめの本はコチラ。

『フロー・カンパニー』　辻秀一　ビジネス社
『「やる気を出せ！」は言ってはいけない』　石田淳　フォレスト出版
『コトラーのマーケティング3.0』　フィリップ・コトラー　朝日新聞出版

どの本にも、実店舗で活かすための良質な学びがぎっしり詰まっています。

さて、あなたの本棚にはどんな本が並んでいるでしょうか。
そして次にどんな本を選びその栄養を吸収するでしょうか。

あなたを育てるのはあなた自身。
本からより多くの学びを得て、視野を広げると目に見えるものが変わってきます。

49 売れる販売員は、学ぶ！ だから売れる！

50 売れる販売員は行きつけの店があり、ダメ販売員は多くの店を知っている。

たくさんの流行の店や、話題の店を知っているのも楽しいですが、売れる販売員さんには、「行きつけの店」があります。

行きつけの店があることで得することが、2つあります。

その1つは、**「顧客目線で勉強できる」**というところです。

まず、自分が気にいって通い続けているわけですから、なぜ気にいって通い続けているのか、その理由を考えてみると、学びになることがあります。

行きやすい立地であったり、気軽に入りやすい価格帯であったりということもあるかもしれませんが、特に勉強になるのはその理由が「人」に関係している部分です。

たとえば、「やっぱり、お店の店長の人柄かな……」という場合。

その「人柄」というのはどんなものなのかを考えてみます。

＊気さくに話しかけてくれる。

＊どんなお客様にも同じように対応している。

＊何でも話す、あけっぴろげな性格。

＊よく話すけど、手元もよく動いている。

＊店の外で会っても、気持ちよく挨拶してくれる。

その中から、自分の接客に活かせる、マネできるものはないか、考えてみましょう。そして、マネできそうなら、そのまま取り入れてみるのです。

また、その「人」がしている習慣や動作について考えてみるのも学びになります。

＊帰り際、忙しくても必ず店先へ出て見送ってくれる。

＊　いつも手元がきれい。
＊　カードで払うときに出してくれるペンが、なんかいいペン。
＊　1人のお客様と話しながらも、ほかのお客様の動きを見てケアしている。

などなど、動き、使っているもの、目線の使い方などから勉強できることも多くあります。

そして、行きつけの店があると得することのもう1つは**「常連さんとのつきあい」**にあります。

長居せず、でもそれなりにお金を使って、さっと帰る、綺麗な飲み方をする人もいれば、いつからいるのかというくらい長くいて、ほかのお客様に言わなくていいことを言ったりするような人もいます。

それぞれにそのままマネしたいお手本になる人もいれば、反面教師になってくれる人もいたりして、人を見ているだけでも学びになります。

中でも、この人はと思う、特に年上の人の話を聞いてみると、非常に勉強になるものです。自分と違う世界で仕事をされていれば、その話を聞くだけでも勉強になりますし、どんな話でも、自分が知らなかったことを知る機会、新しい情報や感覚に出会う機会を得られるというのが、行きつけの店でできる、ある種の勉強なのです。

ここでは、特にお酒を飲むようなお店をイメージして書いていますが、お酒が入るお店のほうが、お客さんたちもガードがゆるくなって、いつも話さないようなことを話してくれたり、会社では役職があるような人も、若い人と同じ目線にたって話をしてくれたりという良さがあります。

私たちは「人」を扱う仕事をしていますから、**「人」をよく見ておく、「人」とよく接しておくことが、何より、人生の学びになります。**

50 売れる販売員は、夜、学んでいる！

おわりに

「いつ読んでも、あなたの接客アイデアの助けになる本を」

そう思いながら、この本を書き進めました。

過去においても、現在においても、そして未来に向かっても、私たちが変わらず大切に考えていきたい、普遍的なテーマを軸にしました。

ですから「最先端の販売術」や「一歩先をリードする接客技術」といったような、目新しい感じのものは見つからないかもしれません。

なぜなら、私たちが日々やっているのは、常に新しい技術革新が起こるような種類のことではなくて、あなたと家族や、あなたとお友達の関係のように、ずっとずっと変わらない、人と人との関係づくりであり「人づきあい」そのものだからです。

人と人がつながるために。
あなたとお客様のつながりを強くするために。
そして、あなたのお店が長生きすることで、そのつながりが続いていくように。

あなたとこの本を通じて、この仕事の難しさや楽しさについて対話できたことに、心から感謝しています。

もう最後なので、ちょこっとわたくしごとをお話ししちゃいますが、この本の話をいただいたときはちょうど妊娠していて、もう来月には生まれる――という、お腹パンパンの状態でした。お腹の中では、この世に生まれてくるのを心待ちにするように、手や足を動かしている命がいました。その命も無事生まれ、寝返りができるようになり、そしてハイハイしだし、今日は階段の一段目に手をかけて、ドヤ顔でつかまり立ちをしています。

きっとあなたも、昨日できないと思っていたことを今日はあっさりとこなせたり、いつか難しいと感じていたことも、もう忘れていたりというようにして、あなた自身を育てていかれるのだと思います。

そして、お客様や一緒に働く仲間と日々向かい合うなかで、1人の人間としてさらに成長していかれることと思います。

あなたが毎日、あたらしく生まれて、あなた自身の中に成長していく自分を発見していかれる、その仕事人生のお供に、この本があれば幸せです。

内藤　加奈子

著者
内藤加奈子（ないとう・かなこ）
1975年東京生まれ。左投げ左打ち。一児の母。
20歳のときオンワード樫山グループに入社。都内百貨店の紳士フロアにてNo.1の売上を叩き出す。その後、同社にて3ブランド120店舗を統括するVMDマネージャーとなる。
2002年、27歳のときにヴェールオフィスを設立。VMDのコンサルティング業と接客指導を開始する。商店街の小型店舗から有名ブランドの規範店まで、これまでに3000店舗（食品、寝具、化粧品、紳士服、婦人服、子供服、自転車、仏壇仏具、スポーツ用品、建材、インテリア、着物、生花、下着、和洋食器、おみやげ品、ペット用品、ほか）を、最高で240パーセント（昨年対比）まで導く。
2014年にテレビ番組に取り上げられ、更に注目を集め、全国を飛び回る。
著書に、『「売れる販売員」と「ダメ販売員」の習慣』（明日香出版社）、『売れるスタッフになる！』（フォレスト出版）、『人が集まる！売れる！売り場づくり40の法則』（大和書房）などがある。

■フェイスブックページ「内藤加奈子のお店の売上を上げるレシピ」
https://www.facebook.com/kanako.naito.vmd

■オフィシャルサイト
https://kanakonaito.com

「売れる販売員」と「ダメ販売員」の習慣

2012年11月15日 初版発行
2024年 2月14日 第48刷発行

著者　内藤加奈子
発行者　石野栄一
発行　明日香出版社
〒112-0005 東京都文京区水道2-11-5
電話 03-5395-7650
https://www.asuka-g.co.jp
印刷　美研プリンティング株式会社
製本　根本製本株式会社

ISBN 978-4-7569-1590-0

ISBN978-4-7569-1519-1

「稼げる営業マン」と「ダメ営業マン」の習慣

菊原　智明

B 6 判　240 頁　本体価格 1400 円＋税

根本的な能力はあまり変わらないはずなのに、なぜか自分は成績を上げることができない。そんなビジネスパーソンに、できる営業マンの習慣とできない営業マンの習慣を対比することによって、気づきとテクニックを与える。

ISBN978-4-7569-1567-2